Schriften des deutschen Vereins für Armenpflege und Wohlthätigkeit.

Dreiundfünfzigstes Heft.

Das Verhältnis der Armenverbände zu den Versicherungsanstalten. Von Olshausen und Helling.

Leipzig,
Verlag von Duncker & Humblot.
1901.

Das Verhältnis

der

Armenverbände zu den Versicherungs-anstalten.

Von

Rat Dr. Olshausen und **Wilhelm Helling,**
in Hamburg.   Rat der Landes-Versicherungsanstalt
der Hansestädte.

Leipzig,
Verlag von Duncker & Humblot.
1901.

Alle Rechte vorbehalten.

Inhaltsverzeichnis.

Seite

Das Verhältnis der Armenverbände zu den Versicherungsanstalten.

I.
Referat von Rat Dr. Olshausen in Hamburg . . . . 1—68

II.
Korreferat vom Rat der Landes-Versicherungsanstalt der Hansestädte in Lübeck Dr. Wilhelm Helling . . . . 69—86

Das Verhältnis der Armenverbände zu den Versicherungsanstalten.

Referat von

Rat **Dr. Olshausen** in Hamburg.

Als man sich entschloß, den gesetzgebenden Körperschaften den Entwurf eines Invaliditäts- und Altersversicherungsgesetzes vorzulegen, war man sich durchaus klar darüber, daß die Armenpflege durch die geplante Versicherung keineswegs überflüssig werden würde, vielmehr in Kraft bleiben müßte für diejenigen Fälle, in welchen einem erwerbsunfähigen Versicherten aus irgend welchen Gründen eine Rente nicht oder noch nicht gewährt ist oder in welchen die Rente etwa ihrem Betrage nach nicht ausreicht, um die Hilfsbedürftigkeit aufzuheben. Sobald aber die öffentliche Armenpflege und die Invaliditäts- und Altersversicherung nebeneinander und unter Ausübung der mannigfachsten Wechselwirkungen bestanden, bedurfte es naturgemäß auch bestimmter gesetzlicher Vorschriften zur Regelung des Verhältnisses zwischen den beiden Einrichtungen. Das Gesetz vom 22. Juni 1889, betreffend die Invaliditäts- und Altersversicherung, enthielt denn auch derartige Vorschriften in seinem § 35, während sich dieselben in erheblich veränderter und erweiterter Form im Invalidenversicherungsgesetz vom 13. Juli 1899 unter den §§ 49, 50 finden. Diese Vorschriften bilden zur Zeit die Grundlage für das Verhältnis der Armenverbände zu den Trägern der Invaliden- und Altersversicherung, den Versicherungsanstalten, und werden demgemäß den Hauptgegenstand des Referats zu bilden haben. Die Abgrenzung desselben ergiebt sich im übrigen daraus, daß dieselbe Materie bereits wiederholt innerhalb des Deutschen Vereins für Armenpflege und Wohlthätigkeit bearbeitet worden ist und es wünschenswert erscheinen muß, von einer Wiederholung des früher in ausreichender Weise Behandelten abzusehen.

In der richtigen Erkenntnis des außerordentlich großen Interesses, welches die Versicherung eines erheblichen Teiles der minderbegüterten Volksklassen gegen bestimmte schädigende Ereignisse für die öffentliche Armenpflege hat, wandte der Verein nämlich schon bei den ersten Andeutungen über das

Bevorstehen einer solchen Versicherung derselben seine Aufmerksamkeit zu. Bereits im Jahre 1881 erstattete Lammers einen Bericht (Nr. 5 der Schriften des Vereins) „über die Unfallversicherung in ihrer Rückwirkung auf die Armenpflege", wobei das Schwergewicht allerdings in der Behandlung der Frage lag, ob freiwillige Versicherung oder Versicherungszwang vorzuziehen sei; über das Verhältnis der Armenverbände zu der Arbeiterversicherung wurde im allgemeinen nichts Wesentliches vorgebracht, da es schwierig war, schon damals, als man über die zukünftige Gestaltung der Arbeiterversicherung noch wenig Positives wußte, eine solche Frage eingehend zu erörtern.

Erheblich günstiger lagen die Verhältnisse zehn Jahre später; 1891 waren sowohl Kranken- und Unfall-, wie Invaliditäts- und Altersversicherung in vollem Umfang vorhanden, wenn auch die letztere eben erst anfing, praktisch in die Erscheinung zu treten; es gab auf allen drei Gebieten bestimmte gesetzliche Vorschriften, deren Entwicklung auf die Armenpflege mit einiger Sicherheit beurteilt und daher einer Erörterung unterzogen werden konnte. Der Verein übertrug daher damals einer Kommission die Aufgabe, zu prüfen, in welcher Weise die neuere Socialgesetzgebung auf die Aufgaben der Armengesetzgebung und der Armenpflege einwirke. Die Kommission hat ein umfangreiches Material gesammelt und dasselbe ist von Freund in einem ausführlichen Bericht (Heft 21 der Schriften des Vereins, 1895) verarbeitet und in den Verhandlungen des Vereins zu Leipzig am 26. September 1895 einer ausführlichen Besprechung unterzogen worden. Freund hat vor allem die Frage untersucht, inwieweit die Armenpflege durch die Arbeiterversicherung entlastet ist, hat aber auch eine ganze Reihe in Zusammenhang damit stehender Fragen erörtert, so die Frage, inwieweit die Entlastung der Armenpflege zu einer Erhöhung der armenpflegerischen Leistungen benutzt worden ist, wie die Verhältnisse vor dem Inkrafttreten der Versicherungsgesetzgebung lagen, welche Änderungen in der Organisation der Armenpflege inzwischen eingetreten waren u. s. w.

Schon zwei Jahre später, im Jahre 1897, finden wir auf der Tagesordnung des Vereins wieder ein denselben Gegenstand betreffendes Thema: „Die Armenpflege in ihren Beziehungen zu den Leistungen der Socialgesetzgebung". Bürgermeister Brinckmann behandelte in dem hierzu erstatteten Bericht (Heft 29 der Schriften des Vereins) einmal die Mitwirkung der Armenverbände an dem Ausbau der Versicherung und ferner die direkte Nutzbarmachung der Leistungen der Versicherung zu Gunsten der Armenpflege nach den verschiedenen Richtungen hin. Auch die für die Armenpflege wichtigen allgemeinen socialen Gesichtspunkte auf dem Gebiete der Alters- und Invaliditätsversicherung sind sowohl von Brinckmann, wie von Freund in ausreichender Weise hervorgehoben worden.

Es erübrigt daher für dieses Referat im wesentlichen eine Erörterung der einzelnen, das Verhältnis der Armenpflege zu den Versicherungsanstalten regelnden gesetzlichen Vorschriften, eine Erörterung, die um so notwendiger erscheint, als jene Vorschriften erst vor verhältnismäßig kurzer Zeit wesentliche Änderungen erfahren haben und als die Invaliditäts- und Altersversicherung stets an Bedeutung gewinnt und daher die Aufmerksamkeit der

Armenverbände immer mehr auf sich lenken muß. Bei der Bearbeitung des Themas erschien es zweckmäßig, zunächst diejenigen Vorschriften des J.V.G. nach ihrer theoretisch-rechtlichen Seite wie nach der Seite ihrer praktischen Handhabung hin einer ausführlichen Besprechung zu unterziehen, welche unmittelbar und ihrem Wortlaut nach das Verhältnis der Armenverbände zu den Versicherungsanstalten regeln und als sedes materiae angesehen werden müssen; es sind das die §§ 49, 50 und 55 Abs. 1 Ziff. 3. Daran anschließen wird sich die Erörterung der übrigen Bestimmungen des J.V.G., welche für das Verhältnis der Armenverbände zu den Versicherungsanstalten, wenn auch nicht von unmittelbarer Wirkung, so doch zweifellos von mehr oder minder erheblichem Interesse sind.

Die Veranstaltung einer Umfrage in größerem Maßstabe erschien bei der Art des zu behandelnden Gegenstandes nicht geboten; um jedoch sowohl über die rechtliche Auffassung, wie über die praktische Handhabung in einzelnen Beziehungen eine gewisse Aufklärung zu verschaffen, erschien es zweckmäßig, wenigstens an die Versicherungsanstalten und an eine beschränkte Zahl von größeren Armenverbänden Anfragen bezüglich einzelner Punkte zu richten, deren Ergebnis an den betreffenden Stellen des Berichts verwertet worden ist[1].

I (§ 49 Abs. 1).

Wie bereits oben bemerkt ist, ging man ebenso, wie bei der Kranken- und Unfallversicherung, auch bei der Invaliditäts- und Altersversicherung davon aus, daß die Armenpflege durch dieselbe keineswegs überflüssig werden würde. Es mußte, wie die Motive hervorheben, unter allen Umständen Sicherheit dafür gegeben werden, daß den unter das Invaliditäts- und Altersversicherungsgesetz fallenden Personen bei vorhandener Hilfsbedürftigkeit das unentbehrlichste Maß von Fürsorge jeder Zeit geboten wird. Wie bereits im § 35 J. und A.V.G., ist daher im § 49 Abs. 1 J.V.G. das Folgende bestimmt:

„Die auf gesetzlicher Vorschrift beruhende Verpflichtung von —— Armenverbänden zur Unterstützung hilfsbedürftiger Personen, sowie sonstige ——— Verpflichtungen ——— werden durch dieses Gesetz nicht berührt."

Als Grundlage für eine solche Verpflichtung kommen das Reichsgesetz über den Unterstützungswohnsitz vom 12. März 1894, sowie die dazu erlassenen Landesgesetze in Betracht. Die Hauptvorschrift ist die des § 28 des genannten Gesetzes, nach welcher jeder Hilfsbedürftige vorläufig von demjenigen Ortsarmenverband unterstützt werden muß, in dessen Bezirk er sich beim Eintritt der Hilfsbedürftigkeit befindet. Nach dem § 49 Abs. 1

---

[1] Citiert sind außer den Amtlichen Nachrichten des Reichsversicherungsamts (Amtl. Nachr.) die Kommentare zum J.V.G. von Gebhard und Düttmann (2. Aufl.), von v. Landmann und v. Rasp, 2. Aufl. bearbeitet von Graßmann, und von Jsenbart und Spielhagen; der Kommentar zum Reichsgesetz über den Unterstützungswohnsitz von Wohlers-Krech (8. Aufl.); die Motive zum J.V.G. in den Stenographischen Berichten über die Verhandlungen des Reichstags, 10. Legislaturperiode, I. Session 1898/1900, 1. Anlageband, sowie die Motive zum J.- und A.V.G. a. a. O., 7. Legislaturperiode, IV. Session 1888/89, 1. Anlageband.

sollen nun die Armenverbände den um eine Unterstützung nachsuchenden Versicherten bezw. Rentenempfängern gegenüber in genau derselben Lage sein, wie jedem anderen Hilfesuchenden gegenüber; sie müssen also prüfen, ob der Betreffende einer Hilfe thatsächlich bedürftig ist, und dürfen ihn nicht etwa unter Hinweis darauf, daß er eine Rente beziehe oder Anspruch auf eine Rente habe, zurückweisen. Fraglich könnte es allenfalls sein, ob eine derartige Zurückweisung bezw. die Einstellung der bereits gewährten Unterstützung zulässig wäre, wenn der Hilfesuchende schuldvollerweise beharrlich die Geltendmachung des Rentenanspruches unterläßt und die zu erwartende Rente die Hilfsbedürftigkeit beseitigen würde, oder wenn der Hilfesuchende sich Maßnahmen der Versicherungsanstalt, welche auf Durchführung eines Heilverfahrens gerichtet sind, ohne gesetzlichen oder sonst triftigen Grund widersetzt hat und ihm infolgedessen gemäß § 47 Abs. 2 die Rente entzogen ist. Die Frage dürfte jedoch zu verneinen sein, da die Unterstützungspflicht des Armenverbandes davon unabhängig ist, ob die Hilfsbedürftigkeit auf einem Verschulden des Hilfesuchenden beruht oder nicht (vgl. Wohlers-Krech S. 78 Anm. 12); überdies kann der Armenverband, wenn er nur erst einmal Unterstützung gewährt hat, jederzeit selbst die Einleitung des Rentenfeststellungsverfahrens beantragen (vgl. S. 10 f.). Dagegen wird unter Umständen sehr wohl durch andere Mittel als durch Versagung bezw. Einstellung der Unterstützung auf den widerstrebenden Unterstützten nach der Richtung hin eingewirkt werden können, daß er sich selbst bemüht, der Wohlthaten des Gesetzes teilhaftig zu werden, z. B. durch Versagung der weiteren Barunterstützung unter gleichzeitigem Angebot geschlossener Pflege.

Keinesfalls darf aber aus § 49 Abs. 1 geschlossen werden, daß die Armenverbände bei Ausübung der Armenpflege das Bestehen des J.V.G. überhaupt ignoriern müßten und insbesondere bei der Entscheidung der Frage, ob und in welcher Höhe eine Unterstützung zu bewilligen ist, etwaige Rentenbezüge nicht mit in Anrechnung bringen dürften. Eine derartige Behandlung, wie sie unter Umständen bei Gaben der Privatwohlthätigkeit notwendig erscheint, würde sich weder nach dem Wortlaut noch nach der Begründung des § 49 Abs. 1 als zutreffend erweisen lassen. In der Begründung zum Entwurf des J. u. A.V.G. ist vielmehr ausdrücklich darauf hingewiesen, daß die Armenpflege begriffsmäßig eine höchst subsidiäre Einrichtung sei und ausgeschlossen bleibe, sobald und soweit anderweite Existenzmittel vorhanden seien ohne Rücksicht darauf, welchen Charakter die letzten trügen (Motive zum J. u. A.V.G. S. 75). Inwieweit es dagegen im einzelnen Fall praktisch und angemessen erscheint, Renten nicht oder nur zum Teil auf die im übrigen erforderliche Unterstützung in Anrechnung zu bringen, und inwieweit etwa aus § 49 Abs. 4 eine Verpflichtung zur Berücksichtigung nur der halben Rente folgt, ist eine andere, hier nicht zu erörternde Frage (vergl. wegen des letzteren Punktes unten S. 21 ff.).

II (§ 49 Abs. 2).

Entsprechend der subsidiären Natur der Armenpflege war bereits in den Motiven zum J. u. A.V.G. vom 22. Juni 1889 der Grundsatz aufgestellt worden, daß in denjenigen Fällen, in welchen die öffentliche Armenpflege trotz des Bestehens eines Anspruchs auf Rente habe eintreten müssen, den betreffenden Armenverbänden das Recht nicht versagt werden könne, zur Deckung ihrer Leistungen und in Höhe derselben sich an die Ansprüche der Unterstützten gegen die Versicherungsanstalten zu halten. Dieser Grundsatz, welcher in dem § 35 Abs. 2 jenes Gesetzes seinen Ausdruck gefunden hatte, ist in dem J.V.G. vom 13. Juli 1899 beibehalten worden, wenn auch nicht ohne erhebliche Abweichungen im einzelnen. Der hierfür in Betracht kommende Abs. 2 des § 49 dieses Gesetzes lautet folgendermaßen:

„Wenn von einer Gemeinde oder einem Armenverband an hilfsbedürftige Personen Unterstützungen für einen Zeitraum geleistet werden, für welchen diesen Personen ein Anspruch auf Invaliden- oder Altersrente zustand oder noch zusteht, so ist ihnen hierfür durch Überweisung von Rentenbeträgen Ersatz zu leisten."

Voraussetzung für die Anwendbarkeit des § 49 Absatz 2 ist demnach:

A. **daß ein Armenverband einer hilfsbedürftigen Person Unterstützung für einen bestimmten Zeitraum leistet.**

Notwendig ist also erstens, daß die Leistung der Unterstützung durch einen Armenverband erfolgt ist, d. h. von einer derjenigen Organisationen, durch welche gemäß § 2 des Reichsgesetzes über den Unterstützungswohnsitz die Unterstützung hilfsbedürftiger Deutschen ausgeübt wird und über deren Einrichtung und Zusammensetzung gemäß § 8 a. a. O. die Landesgesetze das Nähere zu bestimmen haben. Da das Gesetz einen Unterschied in dieser Beziehung nicht macht, hat § 49 Abs. 2 sowohl auf Orts-, wie auf Landarmenverbände und sowohl auf den vorläufig unterstützenden Armenverband als auch auf denjenigen, der jenem die aufgewendete Unterstützung erstattet hat, Anwendung zu finden. Auch ist es nicht erforderlich, daß die Unterstützung seitens des örtlich zuständigen Armenverbandes erfolgt; denn zur Anwendung des § 49 Abs. 2 wird keineswegs verlangt, daß die Unterstützung geleistet werden muß, sondern nur, daß sie geleistet wird; die anscheinend von Gebhard und Düttmann (a. a. O. S. 361 Anm. 8) vertretene abweichende Ansicht kann für zutreffend nicht erachtet werden. Auch wenn ein nach § 30 U.W.G. zur Erstattung nicht verpflichteter Armenverband — wie es häufig vorkommt — aus thatsächlichem oder rechtlichem Irrtum die Unterstützung schließlich aus seinen Mitteln geleistet hat, findet § 49 Abs. 2 Anwendung.

Zweitens muß die Unterstützung einer hilfsbedürftigen Person gegeben werden, d. h. ganz allgemein ausgedrückt, einer Person, die ohne die Hilfe des Armenverbandes an dem zum Leben Notwendigen Mangel leiden müßte. § 49 findet daher insbesondere auch dann keine Anwendung, wenn der Betrag der Rente zur Beschaffung des zum Leben Notwendigen ausreicht. Nicht unzweifelhaft dagegen ist, ob eine Überweisung von Rentenbeträgen nur dann gefordert werden kann, wenn der Rentenberechtigte für sich selbst Unterstützung erhalten hat, oder auch dann, wenn die Unterstützung für solche Angehörige gewährt ist, die sich selbst nicht erhalten können und zu deren Unterhaltung er nach bürgerlichem Recht verpflichtet ist, die auch gleichzeitig bezüglich des Erwerbes und Verlustes des Unterstützungswohnsitzes von ihm abhängig sind, insbesondere also für die Ehefrau und die ehelichen Kinder unter 18 Jahren. Diese Frage wird von sämtlichen Kommentatoren (Gebhard u. Düttmann S. 354 Anm. 8, Landmann S. 432 Anm. 2 u. f. w.) allerdings ohne Angabe von Gründen bejaht, in einer Entscheidung des Kgl. Sächs. Ministeriums des Innern vom 14. November 1900 jedoch mit folgenden Ausführungen verneint:

„Zwar haben nach § 1603 Abf. 2 des Bürgerlichen Gesetzbuchs die Kinder eines Rentenempfängers das unzweifelhafte Recht, zu verlangen, daß, wie alle sonstigen ‚verfügbaren Mittel‘, auch die Invalidenrente zu ihrem Unterhalt gleichmäßig mitverwendet werde, und nach § 55 Ziff. 2 des J.V.G. in Verbindung mit § 850 Abf. 4 der C.P.O. ist sie wegen dieser Unterhaltsverpflichtung sogar der Pfändung unterworfen. Daraus folgt jedoch noch nicht, daß nun auch der Ortsarmenverband die Rente für die den Kindern des Rentenempfängers gewährte Armenunterstützung in Anspruch nehmen kann. Denn nach § 49 des J.V.G., welcher insoweit als Sonderbestimmung an die Stelle der allgemeinen Vorschrift von § 62 des U.W.G. tritt, hat eine Überweisung von Rentenbeträgen nur stattzufinden, wenn von einer Gemeinde oder einem Armenverbande an hilfsbedürftige Personen Unterstützungen für einen Zeitraum geleistet werden, für welchen diesen Personen ein Anspruch auf Rente zustand. Im Sinne dieser Bestimmung kann der Vater nicht ohne weiteres als in der Person seiner Kinder unterstützt angesehen werden. Der von dem Kläger für seine Auffassung angezogene Grundsatz der sogenannten armenrechtlichen Familieneinheit hat nur für die Organisation der Armenfürsorge Bedeutung. Seine Grundlage bildet nicht die privatrechtliche Unterhaltspflicht, sondern die Teilnahme der Kinder an dem Unterstützungswohnsitze des Familienoberhauptes; die hieraus abgeleitete mittelbare Hilfsbedürftigkeit und Unterstützung desselben ist lediglich für die Feststellung des endgültig fürsorgepflichtigen Armenverbandes maßgebend (vergl. Wohlers, Entsch. Bd. 27 S. 68, 69, 179; Bd. 30 S. 34).

Die dem invaliden Arbeiter zugesprochene Rente ist trotz der allgemeinen Rechtsvorschrift in § 1603 Abf. 2 des Bürgerlichen Gesetzbuches weder ihrem regelmäßigen Betrage nach, noch auch im Sinne des J.V.G. dazu angetan, mehr als die Person des Rentenempfängers vor dem Heimfall an die Armenfürsorge zu bewahren. Dies geht u. a. auch daraus hervor, daß während des Heilverfahrens, d. h. zu einer Zeit, wo noch Hoffnung vorhanden ist, den Arbeiter in seiner vollen wirtschaftlichen Selbständigkeit auch bezüglich seiner Familie zu erhalten, die Versicherungsanstalt nach § 18 Abf. 4 des J.V.G. — ebenso wie in den Fällen des § 7 Abf. 2 des K.V.G. die Krankenkasse — den Angehörigen Unterstützung zu gewähren hat. Ist dagegen die dauernde Erwerbsunfähigkeit (Invalidität) eingetreten, so kommt nach § 25 eine Unterstützung der Angehörigen auch dann nicht mehr in Frage, wenn statt der Invalidenrente Aufnahme in ein Invalidenhaus oder in eine ähnliche Anstalt gewährt wird."

Diese Entscheidung kann aber als zutreffend nicht angesehen werden. Als Ausgangspunkt für die ganze Erörterung kann nur die Frage in Betracht kommen, welche Person als hilfsbedürftig im Sinne des § 49

Abs. 2 anzusehen ist, ob nur diejenige, die sich selbst nicht erhalten kann, oder auch diejenige, die ihre Angehörigen nicht erhalten kann. Da nun der § 49 das Verhältnis der Versicherungsanstalten zu den Armenverbänden regeln soll und da der Ausdruck „hilfsbedürftig" ein armenrechtlicher terminus technicus ist, so ist es nicht zweifelhaft, daß „hilfsbedürftig" im Sinne des § 49 Abs. 2 nichts anderes bedeutet als im Sinne des Unterstützungswohnsitzgesetzes, besonders dessen §§ 1, 2, 28 und 30. Nun hat das U.W.G. allerdings bekanntlich selbst den Begriff der Hilfs= bedürftigkeit nicht definiert; es besteht aber weder in der Litteratur noch in der Praxis irgend ein Zweifel darüber, daß hilfsbedürftig im Sinne des U.W.G. auch derjenige ist, der seine nicht arbeitsfähigen, bezüglich des Unterstützungswohnsitzes von ihm abhängige Angehörigen nicht zu erhalten vermag (vergl. § 4 des Freizügigkeitsgesetzes, Wohlers=Krech S. 71 Anm. 6 a).

Dem stehen auch die vom Ministerium angeführten Entscheidungen des Bundesamtes keineswegs entgegen. Die in Bd. 27 S. 68, 69 abgedruckte Entscheidung spricht nur aus, daß von einer Unterstützung, also einer Hilfs= bedürftigkeit des Ehemanns nicht die Rede sein könne, wenn die Unter= stützung der nach § 17 U.W.G. selbständigen, seinen Unterstützungswohnsitz nicht teilenden, hilfsbedürftigen Ehefrau gewährt sei; es wird hier also gerade ein Fall behandelt, in welchem eine der Voraussetzungen der armen= rechtlichen Familieneinheit fehlt. Die Entscheidung Bd. 27 S. 179 trifft andrerseits die Streitfrage überhaupt nicht, während die Entscheidung in Bd. 30 S. 34 nicht für, sondern gegen die Auffassung des Ministeriums spricht. Denn es heißt dort wörtlich: „Daß ein Familienhaupt auch für seine Person als unmittelbar hilfsbedürftig dann angesehen werden muß, wenn es außer stande ist, seinen Angehörigen den notdürftigen Lebens= unterhalt zu gewähren und daß ihm auf seinen Antrag zu diesem Zwecke Unterstützung zu gewähren ist, hat das Bundesamt in dem Urteil vom 9. März 1895 anerkannt." Daß der Grundsatz der Familieneinheit für die vorläufige Unterstützung nach § 28 U.W.G. nicht in Betracht kommen kann, ist bei dem Zweck dieser Bestimmung selbstverständlich, für die all= gemeine Definition des Begriffes ‚hilfsbedürftig' aber ohne Belang. Über= dies würde es praktisch zu mancherlei Schwierigkeiten führen können, wenn Hilfsbedürftigkeit im Sinne des § 49 Abs. 2 nur Notlage des Renten= berechtigten selbst wäre; denn es würde häufig nicht leicht sein, zu ent= scheiden, welcher Teil der einer Familie gewährten Unterstützung als auf das rentenberechtigte Familienhaupt entfallend anzusehen ist.

Als unterstützte hilfsbedürftige Personen im Sinne des § 49 Abs. 2 sind daher auch diejenigen Rentenberechtigten anzusehen, deren Angehörige unterstützt werden, soweit diese Angehörigen ihren Unterstützungswohnsitz teilen und selbst hilfsbedürftig sind, d. h. weder aus eigenem Vermögen noch durch Arbeit sich das Notwendige verschaffen können, dasselbe auch nicht von anderer Seite her erhalten. Im einzelnen kommen in dieser Be= ziehung besonders in Betracht 1. die Ehefrau, soweit sie nicht gem. § 17 U.W.G. vom Ehemann befugt getrennt lebt, 2. die ehelichen Kinder vor vollendetem 18. Lebensjahr, falls sie nicht gem. §§ 19 Abs. 2, 20 U.W.G.

den Unterstützungswohnsitz der Mutter teilen, 3. wenn die Rentenberechtigung einer Frau zusteht, die ehelichen Kinder, soweit sie gem. §§ 19 Abf. 2, 20 U.W.G. den Unterstützungswohnsitz der Mutter teilen, und gem. § 21 U.W.G. die unehelichen Kinder bis zum vollendeten 18. Lebensjahr, nicht aber der Ehemann, weil die Ehefrau zwar seinen, er aber nicht ihren Unterstützungswohnsitz teilt (Wohlers-Krech S. 43 Anm. *).

Diese Ansicht wird u. a. auch von dem Bezirksausschuß zu Danzig unter Bezugnahme auf die bei Wohlers Bd. 24 S. 32 abgedruckte Entscheidung des Bundesamtes für das Heimatwesen geteilt (vergl. auch die J. u. A.V. im Deutschen Reich, Jahrgang 1899 Nr. 9 S. 67).

Fraglich kann ferner erscheinen, ob der § 49 Abf. 2 zur Anwendung kommen kann, wenn die unterstützte Person in der That nicht hilfsbedürftig ist und der Armenverband die Hilfsbedürftigkeit irrtümlich als vorhanden ansah. Die Frage wird, soweit ein entschuldbarer Irrtum vorliegt, zu bejahen sein. Denn nach zahlreichen Entscheidungen des Bundesamtes für das Heimatwesen (vergl. Wohlers-Krech, S. 66) gilt als hilfsbedürftig im Sinne des Reichsgesetzes über den Unterstützungswohnsitz auch derjenige, dessen Lage sich bei pflichtgemäßer Prüfung dem Armenverbande gegenüber so darstellt, daß dieser die Gewährung öffentlicher Unterstützung zur Beschaffung des zum Lebensunterhalt Notwendigen für geboten erachten muß[1]. Daß aber das Wort „hilfsbedürftig" in dem unmittelbar auf armenrechtliche Verhältnisse sich beziehenden § 49 Abf. 2 keine andere Bedeutung als im U.W.G. haben kann, ist bereits oben erwähnt und bedarf keiner besonderen Ausführung. Hinzu kommt, daß es unbillig sein würde, den gutgläubigem Armenverband gegenüber dem nichtbedürftigen, vielleicht gar dolosen Unterstützten schlechter zu stellen als gegenüber dem wirklich bedürftigen, und ihm aus der Rente des Letzteren, aber nicht des Ersteren eine Deckung zu gewähren. Ist die Unterstützung freiwillig, d. h. trotz der Kenntnis der mangelnden Hilfsbedürftigkeit gewährt, so findet § 49 Abf. 2 keine Anwendung.

Mit den Begriffen „Armenverband" und „hilfsbedürftige Person" korrespondiert der Begriff der Unterstützung; sie ist dasjenige, was von einem Armenverband einer hilfsbedürftigen Person zur Hebung der Hilfsbedürftigkeit gegeben wird.

Drittens muß die Unterstützung für einen bestimmten Zeitraum gewährt werden, wobei vor allem an eine Unterstützung für eine bestimmte Anzahl von Tagen (z. B. Verpflegung in einem Krankenhause während 10 Tagen), Wochen oder Monaten zu denken ist. Zweifelhaft könnte es sein, ob einmalige Unterstützungen unter allen Umständen als für einen „Zeitraum" gewährt anzusehen sind, so z. B. bei Lieferung eines Kleidungsstückes, bei Bezahlung einer Eisenbahnfahrkarte, um dem mittel- und arbeitslosen Arbeitsfähigen den rechtzeitigen Antritt einer Arbeitsstelle zu ermöglichen, bei Bezahlung rückständiger Miete u. dergl. Die Frage dürfte jedoch zu bejahen sein, da es nach der Absicht des Gesetzes weniger auf den Wortsinn, weniger auf die räumliche Ausdehnung der Zeit, für welche unterstützt ist, als darauf ankommt, daß die Unterstützung innerhalb der

---

[1] Vergl. das Nähere in der Zeitschrift für das Heimatwesen 1900 Nr. 13.

Zeit gewährt worden ist, für welche ein Rentenanspruch begründet war oder ist[1].

Nicht mehr notwendig ist es im Gegensatz zu dem früheren Recht, daß die Unterstützung bereits geleistet ist; es genügt, daß sie geleistet wird und es braucht daher bei dauernder Unterstützung nicht etwa allmonatlich immer wieder von neuem die Überweisung von Rentenbeträgen beantragt zu werden, sondern dieselben müssen laufend dem Armenverband zur Einziehung überwiesen werden (vergl. S. 14 f.).

Die weitere Voraussetzung für die Anwendbarkeit des § 49 Abs. 2 ist,

B. daß der von dem Armenverband unterstützten hilfsbedürftigen Person für denselben Zeitraum, für welchen sie unterstützt wurde oder wird, ein Anspruch auf Invaliden- oder Altersrente zustand oder noch zusteht. Wenn also jemand für den Monat Januar 1901 eine Unterstützung von 10 Mark erhalten hat, so hat der Armenverband einen Anspruch auf Ersatz nur dann, wenn dem Unterstützten für Januar 1901 eine Rente zustand, nicht aber, wenn der Beginn der Rentenberechtigung erst auf den 1. Februar 1901 fiel. Ob die Unterstützung für den ganzen Monat oder nur für einen Teil desselben gewährt ist, ist unerheblich; auch wenn etwa nur während einer Zeit von fünf Tagen Krankenhauspflege gewährt ist, so ist dies doch ein Zeitraum, für welchen dem Unterstützten ein Rentenanspruch zustand.

Selbstverständlich kommt es dabei lediglich darauf an, wann die Unterstützung dem Unterstützten zu Gute gekommen ist, wann er sich im Genusse derselben befunden hat, und nicht darauf, wann der Armenverband die ihm durch die Unterstützung entstehenden Kosten, z. B. die Miete für eine Wohnung, das Kostgeld, die Krankenhauskosten, bezahlt hat.

Die Beantwortung der Frage, ob im einzelnen Falle dem Unterstützten für den betreffenden Zeitraum ein Anspruch auf Rente zustand oder noch zusteht, bedarf dann, wenn eine Rente bereits festgesetzt ist, keiner besonderen Prüfung und ist in den übrigen Fällen lediglich davon abhängig, ob die in den §§ 15, 16, 28—31 festgelegten Voraussetzungen für diesen Anspruch vorhanden sind oder waren.

Darauf, daß die Armenverbände ihrerseits in reichem Maße Gelegenheit haben, auf die Schaffung dieser Voraussetzungen hinzuwirken, ist bereits früher, u. a. in dem Brinckmannschen Referat, aufmerksam gemacht worden. Lediglich beispielsweise sei hier darauf hingewiesen, daß seitens der Organe der Armenverwaltungen für die rechtzeitige Verwendung der Beitragsmarken und eventuelle nachträgliche Beibringung derselben aus privaten oder öffentlichen Mitteln (§ 146), für Ausstellung der erforderlichen Krankheitsbescheinigungen (§ 30 Ziff. 3), für Fortsetzung der Versicherung im Falle der Verheiratung oder des Ausscheidens aus der die Versicherungspflicht begründenden Beschäftigung u. dergl. gesorgt werden kann.

Weiterer Voraussetzungen als der unter A und B besprochenen bedarf es für die Anwendbarkeit des § 49 Abs. 2 nicht. Insbesondere ist es nicht

---

[1] So auch der Bezirksausschuß zu Danzig bezüglich der Lieferung eines künstlichen Beines.

erforderlich, daß sog. Einheit des Leistungsgrundes vorliegt, d. h. der Ersatzanspruch ist nicht nur dann gegeben, wenn die Unterstützung wegen einer Hilfsbedürftigkeit geleistet ist, die auf Invalidität oder Alter beruht, sondern auch dann, wenn etwa Mangel an Arbeit die Armenpflege zum Einschreiten nötigt. Ebenso ist es nicht erforderlich, daß der Armenverband auf andere Weise, als durch Inanspruchnahme der Rente Ersatz nicht erhalten kann, und die Ersatzleistung kann nicht etwa aus dem Grunde verweigert werden, weil Ersatzansprüche gegen Dritte bestehen, z. B. gegen eine Krankenkasse, gegen unterhaltspflichtige Angehörige, gegen einen anderen Armenverband u. dergl. Der unterstützende Armenverband kann vielmehr frei wählen, wen er zuerst in Anspruch nehmen will.

Nicht zu den Voraussetzungen für den Ersatzanspruch gehört, wie schließlich ausdrücklich hervorgehoben werden muß, daß bereits eine Rente bewilligt oder doch die Bewilligung einer solchen seitens des Unterstützten beantragt ist. Nach der unter der Herrschaft des J. u. A.V.G. geübten ständigen Rechtsprechung des Reichsversicherungsamts war es zweifellos, daß die Armenverbände selbständig neben dem Versicherten oder an dessen Stelle die Feststellung des Rentenanspruchs betreiben, insbesondere auch selbst einen Bescheid der Versicherungsanstalt über den Rentenanspruch fordern und gegen ablehnende Bescheide und Urteile selbständig Rechtsmittel einlegen konnten (vergl. Amtliche Nachr. 1894 S. 161, 1895 S. 228) und zwar auch dann, wenn der Rentenberechtigte vor Stellung des Rentenantrages gestorben war. Die Zulässigkeit dieses Verfahrens ergab sich zwar nicht aus dem J. u. A.V.G. unmittelbar insofern, als dasselbe eine ausdrückliche Bestimmung dieses Inhalts nicht enthielt; sie ergab sich aber aus der Natur des den Armenverbänden gem. § 35 jenes Gesetzes zustehenden Anspruches. Denn der Armenverband wurde unter den im § 35 gesetzten Voraussetzungen Cessionar, also Rechtsnachfolger des Versicherten und mußte als solcher auch für die prozessuale Verfolgung des Anspruchs dieselbe Stellung wie der Versicherte einnehmen. Die gegenteilige Auffassung würde, wie das Reichsversicherungsamt mit Recht ausführt, dazu geführt haben, daß ersatzberechtigte Armenverbände durch Nachlässigkeit oder Verschulden des Rentenberechtigten ihres gesetzlich gewährleisteten Anspruchs hätten verlustig gehen können, was der Gesetzgeber keinesfalls beabsichtigt gehabt habe; der Anspruch des Armenverbandes sollte jedenfalls nicht abhängig sein von der Willkür des Versicherten, der unter Umständen kein Interesse an der Feststellung der Rente hat. Unter der Herrschaft des J. u. A.V.G. gehörte es somit zweifellos nicht zu den Voraussetzungen für die Geltendmachung des aus § 35 jenes Gesetzes entspringenden Anspruches der Armenverbände gegen die Versicherungsanstalten, daß der Unterstützte einen Antrag auf Feststellung der Rente gestellt hatte. Ob dasselbe auch jetzt, nach dem Inkrafttreten des J.V.G. der Fall ist, kann nun allerdings sehr wohl zweifelhaft erscheinen. Denn gerade derjenige Rechtsgrund, auf welchen unter der Herrschaft des J.- und A.V.G. das selbständige Antragsrecht der Armenverbände gestützt wurde, nämlich die Cession, ist fortgefallen. Trotzdem wird die fortdauernde Geltung des aufgestellten Grundsatzes zu bejahen sein. Denn einmal giebt der Abs. 2 des § 50 den Armenverbänden das selbständige Antragsrecht ausdrücklich für den Fall, daß der Unterstützte vor Stellung des Rentenantrages verstorben ist, und es ist nicht einzusehen, weshalb der Armenverband nach dem Tode des Versicherten besser als zu dessen Lebzeiten gestellt sein soll. Allerdings ist die Sachlage in den beiden Fällen insofern nicht dieselbe, als in dem einen Fall eine Stellung des Antrags durch den Versicherten nicht mehr erfolgen kann und somit das Antragsrecht des Armenverbandes das einzige Mittel ist, um eine Rentenfeststellung zu bewirken, während in dem anderen Falle an sich auch der Versicherte den Antrag stellen kann, hier also das Antragsrecht des Armenverbandes nur dann von Wert ist, wenn der Versicherte den Antrag nicht stellen will. Aber gerade auf diese Möglichkeit ist zur praktischen Rechtfertigung dieses Antragsrechts Bezug genommen, und diese Möglichkeit würde auch nach dem J.V.G. bestehen, wenn nur der Unterstützte einen Antrag stellen könnte. Andrerseits ist in den Motiven des J.V.G. ausdrücklich auf jenes Recht Bezug genommen (S. 714), ohne daß dabei die Aufrechterhaltung desselben irgendwie gemißbilligt wäre. Denselben Standpunkt nehmen unter anderen Gebhard und Düttmann S. 353 A. 5 a. E., Landmann S. 439 f., Jsenbart und Spielhagen S. 309, wie auch die Armendirektion Berlin (vgl. die von derselben zusammengestellten „Grundsätze für die juristische Bearbeitung der Armenangelegenheiten" § 52 Abs. 2, § 58 Abs. 5) ein.

Der Armenverband kann also, wenn er einen Ersatzanspruch gemäß § 49 geltend machen will, wenn aber eine Rente bisher noch nicht bewilligt ist, selbst einen Antrag auf Festsetzung einer Rente stellen und gegen einen etwaigen ablehnenden Bescheid die nach dem J.V.G. zulässigen Rechtsmittel (Berufung, Revision) einlegen; nur wenn man ihm dieses Recht zugesteht, kann die Absicht des Gesetzgebers, die Armenverbände nicht von der Willkür des Versicherten abhängig zu machen, voll erreicht werden. Der Armenverband nimmt also bezüglich der Verfolgung des Rentenanspruchs dieselbe Stellung wie der Versicherte ein; ihm sind alle Entscheidungen, die im Laufe des Verfahrens ergehen, zuzustellen, und ihm gegenüber gelten auch etwaige, bereits früher über den Rentenanspruch getroffene ablehnende Entscheidungen.

Gesteht man dem Armenverband so das Recht zu, die Feststellung des Rentenverfahrens selbständig zu betreiben, so muß ihm, wie das Reichsversicherungsamt folgerichtig ausführt (vgl. Amtl. Nachr. 1896 Nr. 516), auch das Recht zugestanden werden, dann, wenn ein Rentenverfahren bereits schwebt, in diesem seine Rechte zu wahren. Denn sonst könnte der ersatzberechtigte Armenverband durch Nachlässigkeit oder Verschulden des Rentenberechtigten im Laufe des Prozeßverfahrens seines Anspruchs verlustig gehen. Die Möglichkeit zur Wahrung seiner Rechte während des Verfahrens ist dem Armenverband aber nur dann geboten, wenn er sich an demselben als Streitgenosse oder Nebenintervenient (§§ 59 ff., 64 ff. C.P.O.) beteiligen kann; er hat dann Anspruch darauf, zu dem Verfahren hinzugezogen zu werden, und Anspruch auf Zustellung der Bescheide und Entscheidungen; jedoch kann er auch dann, wenn er dem Verfahren zunächst nicht beigetreten ist, diesen Beitritt noch durch Einlegung der Berufung oder Revision vollziehen und zwar ohne Rücksicht darauf, ob der Rentenbewerber seinerseits von dem Rechtsmittel Gebrauch macht. Tritt der Armenverband als Streitgenosse auf, so entsteht eine sogenannte Streitgenossenschaft, da das streitige Rechtsverhältnis dem Armenverband und dem Rentenbewerber gegenüber nur einheitlich festgestellt werden kann; wenn der Armenverband also einen Termin oder eine Frist versäumt, so wird er als durch den nicht säumigen Unterstützten vertreten angesehen und ist trotz der Säumnis zu dem späteren Verfahren hinzuzuziehen (§ 62 C.P.O., Amtl. Nachr. 1894 S. 190).

Liegen die unter A und B erörterten Voraussetzungen vor, so ist den Armenverbänden für die von ihnen geleistete Unterstützung „durch Überweisung von Rentenbeträgen Ersatz zu leisten", oder umgekehrt, so sollen die Armenverbände fordern können, daß sie durch Überweisung von Rentenbeträgen, auf welche der Unterstützte durch Erfüllung der gesetzlichen Voraussetzungen einen Anspruch erworben hat, einen Ersatz erhalten. Es handelt sich demnach um ein Schuldverhältnis, bei welchem der Armenverband der Gläubiger und der Gegenstand der Leistung nicht die Zahlung einer bestimmten Summe, sondern das Überweisen von Rentenbeträgen ist. Wer diese Handlung vornehmen soll, wer Schuldner ist, sagt das Gesetz selbst nicht, und nach dem gewöhnlichen Sprachgebrauch könnte es scheinen, als ob die Überweisung von dem Forderungsberechtigten, dem Unterstützten, ausgehen sollte; doch ergiebt sich sowohl aus den Motiven wie aus einer Vergleichung mit anderen Bestimmungen des J.B.G. deutlich, daß die Versicherungsanstalten die Stellung des Schuldners einnehmen sollen. Die Motive sagen nämlich ausdrücklich: „Dabei giebt der Entwurf den Gemeinden und Armenverbänden den Anspruch gegen die Versicherungsanstalt auf Zahlung der Rente im Betrage der geleisteten Unterstützung einfach als Ersatzforderung, die durch Überweisung von Rentenbeträgen —— erfüllt werden soll." Andrerseits sind auch bei zahlreichen anderen Vorschriften, die sich zweifellos an die Versicherungsanstalten wenden, diese nicht ausdrücklich genannt, so in den §§ 18 Abs. 4, 30 Abs. 4, 38, 43, 113 Abs. 1 Satz 2, 121 Abs. 2, 122.

Gegenstand der von der Versicherungsanstalt geschuldeten Leistung ist, wie schon bemerkt, das Überweisen von Rentenbeträgen; darüber, wie sich dies Überweisen zu vollziehen hat, ergiebt sich weder aus dem Gesetz noch aus den Motiven etwas Näheres. Hahn (vgl. Arbeiterversorgung Jahrg. 1901 Nr. 5 S. 88) ist der Ansicht, daß die Überweisung die Übertragung des auf Zahlung von Rentenbeträgen gerichteten Anspruchs des Versicherten auf den Armenverband bedeute; der Vorstand der Versicherungsanstalt überweise die Forderung nicht in seiner Eigenschaft als Vertreter der Anstalt —, was rechtlich unmöglich sei, da die Anstalt die Schuldnerin sei —, sondern als Verwaltungsbehörde und übe damit eine ähnliche Funktion aus, wie die ordentlichen Gerichte innerhalb der Überweisung einer Forderung im Wege der Zwangsvollstreckung gemäß §§ 835 ff. C.P.O. Diese Ansicht kann jedoch für zutreffend nicht erachtet werden. Der an sich eigentümliche Umstand, daß der Vorstand der Versicherungsanstalt bei demselben Rechtsvorgang die Stelle sowohl des Schuldners wie der entscheidenden Behörde vertritt, läßt sich allerdings aus dem Wesen und der Organisation der Versicherungs-

Das Verhältnis der Armenverbände zu den Versicherungsanstalten. 13

anstalten wohl als möglich konstruieren, und der Ausdruck „Überweisung", der im übrigen nur in den Vorschriften der C.P.O. über die Forderungspfändung üblich ist, spricht ohne Zweifel nicht wenig dafür, daß an dieser Stelle ein ähnlicher Sinn wie dort damit verbunden sein soll. Folgende Erwägung steht dem jedoch durchaus entgegen. Die Forderungspfändung und -überweisung hat stets zur Voraussetzung, daß derjenige, dessen Forderung gepfändet wird, Schuldner desjenigen ist, dem die Forderung überwiesen wird; von einem der prozeßrechtlichen Pfändung analogen Verfahren könnte also bei der Ausführung des § 49 Abs. 2 nur dann die Rede sein, wenn der Rentenberechtigte bezw. der Unterstützte Schuldner des Armenverbandes wäre. Das aber dürfte, wenigstens häufig, nicht der Fall sein. Der Armenverband erwirbt einen Erstattungsanspruch gegen den Unterstützten in einzelnen Rechtsgebieten entweder überhaupt nicht oder doch nur unter bestimmten Voraussetzungen, z. B. bei Besserung der Vermögenslage[1]. Soweit daher die Vorschriften des Armenrechts oder die Bestimmungen des allgemeinen bürgerlichen Rechts zur Anwendung kommen, wird vielfach eine Verpflichtung des unterstützten Versicherten nicht bestehen, dem Armenverband einen Betrag in Höhe der gemäß § 49 Abs. 2 zu überweisenden Rente zu zahlen. Es würde demnach nur noch in Frage kommen, ob eine solche Verpflichtung auf Grund des § 49 Abs. 2 besteht. Diese Frage wird jedoch zu verneinen sein, da das Gesetz nicht den geringsten Anhalt dafür giebt; dasselbe statuiert einen Anspruch lediglich gegen die Versicherungsanstalten und nicht gegen die Unterstützten. Das Bundesamt für das Heimatwesen hat sich allerdings unter der Herrschaft des J. u. A.V.G. einmal in dem entgegengesetzten Sinne ausgesprochen (Wohlers Bd. XXXI S. 33, 34); wenn auch die Versicherungsanstalt beim Mangel einer Benachrichtigung über das armenrechtliche Einschreiten durch die Zahlung an den Unterstützten befreit sei, so sei dieser doch nicht berechtigt, über den von ihm erhobenen Betrag willkürlich zu verfügen, sondern rechtlich verpflichtet, denselben an den Armenverband abzuführen. Das dürfte jedoch sowohl nach dem J. und A.V.G. wie nach dem J.V.G. schwerlich richtig sein, ist auch in dem Erkenntnis völlig unbegründet geblieben. Unter ganz besonderen Verhältnissen, z. B. beim Vorliegen eines Betrugs, wird sich vielleicht eine solche Verpflichtung konstruieren lassen; sonst aber wird man in der Regel nicht einmal behaupten können, daß der Unterstützte den fraglichen Betrag zu Unrecht erhalten hat; denn es steht doch in jedem einzelnen Falle einstweilen völlig dahin, ob der Armenverband seinen Ersatzanspruch überhaupt geltend machen oder auf die Geltendmachung aus irgendwelchen Gründen verzichten will.

Ist der unterstützte Rentenberechtigte nicht Schuldner des Armenverbandes, so fällt damit schon die Analogie der prozeßrechtlichen Forderungsüberweisung. Überdies ist an sich nicht anzunehmen, daß der Schöpfer des neuen § 49 Abs. 2 an eine derartige Analogie gedacht hat; es lag ihm, wie aus den Motiven erhellt, lediglich daran, einige unzweckmäßige Punkte zweckmäßiger zu gestalten, weshalb an die Stelle der gesetzlichen Cession eine Ersatzforderung treten mußte; die rechtliche Konstruktion derselben aber ist

---

[1] Vgl. Zeitschrift für das Heimatwesen 1900 Nr. 16, 17, 18, 19.

offenbar in ihren Einzelheiten in keiner Weise erwogen worden. Die Überweisung von Rentenbeträgen soll daher wohl nichts anderes als den thatsächlichen Vorgang bedeuten, mittels dessen die Post angewiesen wird, bebestimmte Rentenbeträge nicht mehr an den Versicherten, sondern an den Armenverband zu zahlen, eine Anweisung, zu welcher die Versicherungsanstalt keiner besonderen Ermächtigung, keines Befehls seitens einer Behörde bedarf, sondern welche sie auf Grund des § 49 Abs. 2 zu vollziehen berechtigt ist, und welche sich der Rentenberechtigte auf Grund derselben Bestimmung gefallen lassen muß. Die in Betracht kommenden Rentenbeträge werden von einem Konto auf das andere überwiesen und von dem Augenblick dieser Überweisung an darf die Post nur noch an den Armenverband zahlen.

Im übrigen ergiebt sich aus der fraglichen Bestimmung das Folgende.

Da für die gewährte bezw. noch zu gewährende Unterstützung Ersatz zu leisten ist, so darf der Betrag der einem Armenverband zu überweisenden Renten unter keinen Umständen den Betrag der aufgewendeten Unterstützung übersteigen; hat er mit 20 Mark unterstützt, so darf ihm auch ein höherer Betrag an Rente nicht zur Einziehung von der Post überwiesen werden. Da ferner der Ersatz durch Überweisung „von Rentenbeträgen" zu leisten ist, ohne daß diese Beträge irgendwie, besonders nach der Zeit ihrer Fälligkeit, näher bezeichnet sind, so ist es außer Zweifel, daß bezüglich der Überweisung der Rentenbeträge irgend eine andere Beschränkung als die durch die Höhe der Unterstützung gegebene im allgemeinen nicht stattfinden soll. Es braucht sich also einerseits insbesondere der Zeitraum, für welchen der zu überweisende Rentenbetrag fällig ist (und der sich nach § 38 nach Monaten berechnet), nicht mit demjenigen Zeitraum, für welchen die Unterstützung gewährt ist oder wird, zu decken, ein Umstand, der deshalb besonders hervorgehoben werden muß, weil nach dem Gesetz von 1889 der Armenverband immer nur auf solche Rentenbeträge Anspruch erheben konnte, welche während der Zeit der Unterstützung fällig geworden waren. Es kann also wegen einer im Januar gewährten Unterstützung nicht nur die Überweisung der Januarrente, sondern ebenso die der Februar= oder Junirente verlangt werden, und der Ersatzanspruch geht keineswegs dadurch unter, daß die Rente für denjenigen Zeitraum, für den Unterstützung gewährt wurde, bereits zur Auszahlung gelangt ist. Andrerseits ist die Überweisung nicht beschränkt auf die bereits fällig gewordenen Rentenbeträge, sondern kann bezw. muß auch auf die zukünftig fällig werdenden Beträge ausgedehnt werden, ein Umstand, der mit Recht von verschiedenen Seiten als einer der wesentlichsten Vorzüge des J.V.G. gegenüber dem früheren Recht bezeichnet wird. Die früher geltende Bestimmung des § 35 Abs. 2 J. und A.V.G. wurde nämlich von der Praxis im allgemeinen dahin ausgelegt, daß bei fortlaufender Unterstützung nicht der ganze auf eine Reihe von Einzelleistungen gerichtete Rentenanspruch, sondern immer nur der Anspruch auf denjenigen Rentenbetrag, der während der verflossenen Unterstützungszeit fällig geworden war, auf den Armenverband übergehe und demselben zur Einziehung zu überweisen sei. Da aber die Rente bereits zu Beginn des Monats, die Unterstützung jedoch wohl nie vor Beginn des Monats, sondern regelmäßig erst im Laufe desselben ausbezahlt wird, so war die Durchführung des Erstattungsanspruches der Armenverbände, soweit es sich nicht um die Einziehung der vor Feststellung der Rente fälligen Beträge handelte, bei strenger Verfolgung der gesetzlichen Vorschriften nahezu unmöglich; derjenige Rententeil, auf den die Überweisung beschränkt blieb, war regelmäßig bereits ausbezahlt, das Objekt der Befriedigung des Armenverbandes verbraucht. In der Praxis hatte sich die Sachlage allerdings insofern etwas günstiger gestaltet, als sich eine Anzahl von Versicherungsanstalten trotz jener Auslegung entschlossen hatten, bei fortlaufender Unterstützung die Rente auch fortlaufend den Armenverbänden zur Einziehung zu überweisen, jedoch unter der Verpflichtung der Rückzahlung für den Fall, daß der Rentenberechtigte die überwiesenen Beträge mit Erfolg gegen die Anstalt einklagen sollte. Durch die Fassung des jetzt geltenden § 49 Abs. 2 J.V.G. in Zusammenhalt mit den Motiven (S. 713) sind diese Schwierigkeiten nunmehr erfreulicherweise beseitigt worden.

III (§ 49 Abs. 3 und 4).

Wenn lediglich die bisher erörterten, im Abs. 2 des § 49 enthaltenen Rechtssätze zur Anwendung kämen, so würde der Ersatzanspruch anders als durch die Höhe der gewährten Unterstützung rechtlich nicht beschränkt sein. Der Gesetzgeber hat es jedoch aus allgemeinen socialpolitischen Gründen für zweckmäßig erachtet, einige einschränkende Bestimmungen in Abs. 3 u. 4 des § 49 hinzuzufügen. Dieselben lauten:

Abs. 3. „Ist die Unterstützung eine vorübergehende, so können als Ersatz drei Monatsbeträge der Rente, und zwar mit nicht mehr als der Hälfte, in Anspruch genommen werden."

Abs. 4. „Ist die Unterstützung eine fortlaufende, so kann als Ersatz, wenn die Unterstützung in der Gewährung des Unterhalts in einer Anstalt besteht, für deren Dauer und in dem zur Ersatzleistung erforderlichen Betrage die fortlaufende Überweisung der vollen Rente, im übrigen die fortlaufende Überweisung von höchstens der halben Rente beansprucht werden."

Das Gesetz unterscheidet also scharf zwischen den Fällen vorübergehender und fortlaufender Unterstützung, ohne selbst eine Definition dieser Begriffe zu geben. Die Motive sprechen nur von dem Fall, daß bei einem Rentenempfänger, der durch die Rente an sich regelmäßig vor Hilfsbedürftigkeit bewahrt sei, wegen außerordentlicher Notfälle, z. B. wegen ernster Erkrankung, vorübergehend noch die öffentliche Armenpflege ergänzend eintreten müsse. Unter Berücksichtigung dieses Falles wird man sinngemäß als vorübergehend diejenige Unterstützung anzusehen haben, welche einem augenblicklichen, durch einen außergewöhnlichen Umstand (z. B. Krankheit des Rentenempfängers oder seiner Angehörigen, Arbeitslosigkeit des sonst zum Unterhalt beitragenden Sohnes) hervorgerufenen und voraussichtlich in kurzer Zeit zu hebenden Notstand abzuhelfen bestimmt ist. Ob nach der Hebung dieses Notstandes, z. B. nach Beendigung der Arbeitslosigkeit, infolge neuer Umstände, z. B. einer Krankheit, sofort wieder ein Notstand eintritt, ist unerheblich; es liegt dann eine neue vorübergehende Unterstützung vor, für welche der Ersatzanspruch erneut geltend gemacht werden kann. Die Entscheidung über die Natur der Unterstützung wird immer nur unter Zu=

grundlegung der Verhältnisse des einzelnen Falles und je nach dem Anlaß, aus welchem Unterstützung gewährt werden muß, erfolgen können und oft ebenso schwierig sein, wie die mit Rücksicht auf § 31 U.W.G. zwischen Armenverbänden vielfach erörterte und oftmals zur Kognition des Bundesamtes verstellte Frage der dauernden Hilfsbedürftigkeit; bei Unterbringung in einer Krankenanstalt wird es für die Entscheidung fast immer der Einholung eines ärztlichen Gutachtens bedürfen. In der Regel wird eine Unterstützung, welche länger als drei Monate gewährt werden muß, als vorübergehend nicht angesehen werden können, aber als Princip wird ein dahingehender Satz nicht ausgesprochen werden dürfen (A. M. Zeitschrift für das Heimatwesen, Jahrg. 1899 Nr. 19 S. 300).

Wie nach dieser Richtung hin, so hat auch sonst die Auslegung des fraglichen Begriffs zu mannigfachen Zweifeln und daher zu Klagen über die mangelhafte Gesetzgebung Anlaß gegeben. In Baden z. B. sind die Armenverbände durch Vermittlung der Bezirksämter darauf hingewiesen, daß es notwendig sei, genau festzustellen, ob die Unterstützung eine einmalige oder auf bestimmte Zeit (z. B. für den Winter) oder bis zur Erreichung eines bestimmten Zieles (z. B. Beseitigung einer Krankheit) und dergl. vorübergehend gegeben sei oder werde, oder ob dauernde, für unbestimmte längere Zeit fortlaufende Unterstützung in Frage sei; *als vorübergehend werde eine Unterstützung u. a. dann anzusehen sein, wenn sie thatsächlich bereits wieder beendigt sei.* Abweichend hiervon hat sich der Bezirksausschuß Berlin bezüglich des letzten Punktes in einer Entscheidung vom 20. November 1900 dahin ausgesprochen, daß auch eine bei der Anmeldung des Ersatzanspruchs beendete Verpflegung in einer Irrenanstalt als eine fortlaufende Unterstützung anzusehen sei, wenn die Unterstützung auf einem seiner Natur nach chronischen Nervenleiden des Unterstützten beruhe, der Anlaß zur Unterstützung somit ein dauernder sei. Die letztere Ansicht erscheint als die richtige; eine nicht zu erwartende schnelle Beendigung der Hilfsbedürftigkeit, etwa durch den Tod des Unterstützten, durch einen Erbschaftsanfall, durch die Bewilligung einer Rente und dergl. bleibt für die Beurteilung der Natur der Unterstützung außer Betracht. Die Landesversicherungsanstalt Rheinprovinz giebt in ihrem „Leitfaden für die Erledigung der nach dem Invalidenversicherungsgesetz den Verwaltungsbehörden übertragenen Geschäfte" für die Auslegung folgende zutreffende Anhaltspunkte: Eine vorübergehende Unterstützung wird dann anzunehmen sein, wenn sie auf einer vorübergehenden Ursache beruht oder wenn sie zu einzelnen bestimmten Ausgaben, z. B. Anschaffung einer Nähmaschine oder genügender Kleider oder zur Beschaffung von Beitragsmarken, die zur Bewilligung der Rente fehlen, dient. Eine Zeitgrenze, wie lange eine Armenunterstützung als vorübergehende zu betrachten ist, läßt sich nicht allgemein gültig aufstellen; auch eine länger als drei Monate dauernde Unterstützung kann eine vorübergehende sein; es kommt eben darauf an, ob der Grund für die Leistung ein vorübergehender d. h. in absehbarer Zeit wegfallender ist." Streitigkeiten über die Frage, ob eine vorübergehende oder eine fortlaufende Unterstützung vorliegt, sind auf dem im § 50 Abs. 3 vorgeschriebenen Wege zur Entscheidung zu bringen (vergl. unten S. 42 ff.).

Ist die Unterstützung eine vorübergehende, so können als Ersatz höchstens drei Monatsbeträge der Rente, und zwar mit nicht mehr als der Hälfte in Anspruch genommen werden.

Wenn also ein Armenverband einen Rentenempfänger, der sich in gesunden Tagen mit Hilfe der Rente und eines kleinen Nebenverdienstes selbst durchbringen kann, krankheitshalber vom 5. Januar bis zum 31. April, also während eines Zeitraums von ca. vier Monaten mit 15 Mark monatlich unterstützen muß und die Rente 15 Mark beträgt, so kann der Armenverband einen Anspruch nur auf dreimal 7,50 Mark erheben, während die übrigen 37,50 Mark ungedeckt bleiben.

Der Armenverband muß sich also mit dem anderthalbfachen Monatsbetrage der Rente begnügen, eine Bestimmung, die getroffen ist, um den Rentenempfänger, der einmal vorübergehende Unterstützung erhalten hat, nicht der Gefahr auszusetzen, daß er durch die ohne Einschränkung zulässige Inanspruchnahme künftig fällig werdender Monatsbeträge aus der Armenpflege gar nicht mehr herauskommen kann. Wäre z. B. in dem angeführten Fall der Ersatzanspruch in keiner Weise beschränkt, so würde der Armenverband, da die Januarrente bei Beginn der Unterstützung bereits bezahlt war, für die Januarunterstützung die Februarrente, für die Februar= bezw. März= bezw. Aprilunterstützung die März= bezw. April= bezw. Mairente u. s. w. in Anspruch nehmen und so der Versicherte niemals in den Genuß seiner Rente gelangen können. Wenn man daher auch dem Gesetzgeber insoweit beipflichten muß, als er in einem unbeschränkten Ersatzanspruch die Möglichkeit einer Gefahr für den Versicherten sieht, so darf man doch andrerseits nicht verkennen, daß diese Gefahr wohl nur in der Theorie besteht; im allgemeinen wird kein Armenverband so unverständig sein, ein solches Verfahren einzuschlagen, welches lediglich darin besteht, daß dem Versicherten die 15 Mark, deren er zu seinem Lebensunterhalt notwendig bedarf, statt von der Versicherungsanstalt von dem Armenverbande ausgezahlt werden, wodurch diesem ganz unnötige Arbeit erwächst. Erscheint somit die Beschränkung des Ersatzanspruches bei vorübergehenden Unterstützungen auf der einen Seite im allgemeinen durchaus zweckmäßig und nur dem entsprechend, was bei einer guten Armenverwaltung schon an und für sich als selbstverständlich gilt, so ist sie auf der anderen Seite unter anderen Umständen geradezu ungerechtfertigt. Zunächst sind nämlich Fälle denkbar, in denen es geradezu zweckmäßig ist, daß das vom Gesetzgeber reprobierte Verfahren eintritt und der Rentenberechtigte nicht in den Genuß der Rente kommt; und zwar gilt dies dann, wenn der Unterstützte mit der Rente nicht hauszuhalten versteht, sie in den ersten Tagen des Monats ausgiebt und dann für den größeren Teil des Monats aus öffentlichen Mitteln unterstützt werden muß, während er bei sachgemäßer Verwendung der Monatsrente während des ganzen Monats von derselben leben könnte. Doch werden solche Fälle nicht allzu häufig sein.

Von größerer Wichtigkeit dagegen sind diejenigen Fälle, in welchen die Rente erst während der Dauer oder nach Beendigung der Unterstützung für einen zurückliegenden Zeitraum bewilligt wird; dann fehlt es an jedem

Grunde dafür, warum die rückständige Rente nicht in dem vollen zur Ersatzleistung erforderlichen Betrage dem Armenverband überwiesen werden soll; jedenfalls trifft dann der in den Motiven für die Beschränkung des Anspruchs angeführte Grund nicht zu und man hätte es den Armenverwaltungen überlassen sollen, inwieweit sie im einzelnen Fall aus Zweckmäßigkeitsgründen auf ihren Anspruch verzichten wollen, sei es, weil sie den einzuziehenden Betrag doch wieder in Form von Unterstützung ausgeben müßten, sei es, weil sie hoffen, den Versicherten durch Auskehrung eines größeren Betrages auf immer oder auf längere Zeit von der Armenpflege fern zu halten. Ähnlich liegt es in denjenigen Fällen, in welchen die vorübergehende Unterstützung durch Unterbringung in einer Anstalt erfolgt und der Unterstützte weder Angehörige noch eine Wohnung hat, für die er auch während des Aufenthalts in der Anstalt Aufwendungen zu machen hätte. Auch hier könnte dem Armenverband die während der Anstaltspflege fällig werdende Rente ohne Bedenken voll zur Einziehung überwiesen werden.

Im übrigen ergibt sich aus der Natur des Anspruches der Armenverbände als eines Ersatzanspruches von selbst, daß die Summe von anderthalb Monatsbeträgen nicht in allen Fällen zu erstatten ist, sondern nur dann, wenn die Unterstützung wenigstens dieser Summe gleich kommt; ist z. B. eine vorübergehende Unterstützung von 20 Mark gewährt und beträgt die Rente 15 Mark monatlich, so können nur zwei halbe und ein Drittel Monatsbeträge beansprucht werden.

In welchem Umfang von den Armenverbänden bei Gewährung vorübergehender Unterstützung von dem ihnen zustehenden Ersatzanspruch Gebrauch gemacht wird, läßt sich nicht mit Bestimmtheit sagen; eine große Anzahl erhebt in jedem Fall, in dem es gesetzlich zulässig ist, einen Ersatzanspruch, während andere die Lage des einzelnen Falles entscheiden lassen. Unbedenklich wird es regelmäßig sein, den Anspruch dann geltend zu machen, wenn die gewährte Unterstützung durch Überweisung rückständiger Rentenbeträge gedeckt werden soll; doch kann es unter Umständen auch dann im Interesse sowohl der Armenpflege wie des Unterstützten liegen, von der Geltendmachung des Anspruchs abzusehen. Handelt es sich dagegen um die Inanspruchnahme künftig fällig werdender Rentenbeträge, so wird die Zweckmäßigkeit der Geltendmachung in jedem einzelnen Fall sorgfältig zu prüfen sein, insbesondere nach der Richtung hin, ob der eingezogene Betrag nicht doch im Wege der Unterstützung wieder ausgezahlt werden müßte.

Während bei der **vorübergehenden** Unterstützung ein Unterschied nach der Richtung hin, in welcher Weise die Gewährung derselben erfolgt, nicht gemacht wird und in jedem Falle eine Beschränkung des Ersatzanspruchs auf drei halbe Monatsbeträge eintritt, bestimmt der Absatz 4 des § 49 bezüglich der **fortlaufenden** Unterstützung, daß, wenn die **Unterstützung in der Gewährung des Unterhalts in einer Anstalt besteht, die fortlaufende Überweisung der vollen Rente für die Dauer der Unterstützung und in dem zur Ersatzleistung erforderlichen Betrage, im übrigen aber die fortlaufende Überweisung von höchstens der halben Rente beansprucht werden kann.**

Der Begriff der fortlaufenden Unterstützung ergiebt sich im wesentlichen aus demjenigen, was oben über den Begriff der vorübergehenden Unterstützung gesagt worden ist. Es gehört dazu jede Unterstützung, welche anläßlich einer voraussichtlich nicht in absehbarer kürzerer Zeit zu hebenden Notlage gewährt werden muß, also auch Unterstützungen wegen Krankheit, wenn eine Heilung für längere Zeit nicht zu erwarten ist, wegen Arbeitslosigkeit, wenn der Unterstützte wegen körperlicher oder geistiger Defekte erfahrungsmäßig schwer Arbeit findet, wegen Mittellosigkeit, auch wenn der Unterstützte noch Vermögensstücke, z. B. Erbschaftsansprüche, hat, deren Realisierung in absehbarer Zeit nicht zu erwarten ist, wegen Verlassenseins durch den Ernährer, wenn dessen baldige Rückkehr nicht aus bestimmten Gründen anzunehmen ist. Eine nach diesen Grundsätzen als fortlaufend zu erachtende Unterstützung verliert auch, wie bereits erwähnt, ihren Charakter nicht etwa dadurch, daß später eintretende Umstände wider Erwarten eine baldige Beendigung der Hilfsbedürftigkeit herbeiführen, wie das z. B. durch unvermuteten Anfall einer Erbschaft, durch das Eintreten von Angehörigen oder der Privatwohlthätigkeit und dergl. geschehen kann.

Die Vorschriften über die Behandlung der Ersatzansprüche bei solchen fortlaufenden Unterstützungen stimmen nun mit denjenigen, welche oben bezüglich der vorübergehenden Unterstützung besprochen sind, nur in einem Punkte überein, nämlich insofern, als niemals die Überweisung eines größeren Rentenbetrages gefordert werden kann, als zur Deckung der gewährten Unterstützung erforderlich ist; die Überweisung soll nur „in dem zur Ersatzleistung erforderlichen Betrage", nur bis zum Betrage „von höchstens der halben Rente" beansprucht werden können. Im übrigen aber unterscheiden sich die Fälle der fortlaufenden Unterstützung von denen der vorübergehenden wesentlich, nämlich einmal dadurch, daß bei ihnen ausnahmslos der Ersatzanspruch zeitlich nicht anders als durch die Dauer der Unterstützung beschränkt ist. Hört allerdings die Unterstützung auf, etwa weil der Versicherte eine Erbschaft macht oder von seinen herangewachsenen Kindern erhalten werden kann, so kann von einem Anspruch auf Überweisung der später fällig werdenden Rentenbeträge zum Ersatz der noch nicht gedeckten Aufwendungen nicht die Rede sein. Daraus, daß die Rente ohne Beschränkung durch eine bestimmte Zeitangabe lediglich mit der Begrenzung durch die ungewisse Dauer der Unterstützung dem Armenverband zur Einziehung zu überweisen ist, ergiebt sich ohne weiteres, daß bei allen Fällen fortlaufender Unterstützung auch eine fortlaufende Überweisung der Rente stattfinden muß. Der Armenverband braucht also nicht, wie es nach dem J. und A.V.G. der Fall war, allmonatlich immer wieder von neuem mit seinen Anträgen an die Versicherungsanstalt heranzutreten, sondern ist durch die einmalige Anmeldung der fortlaufenden Unterstützung für die ganze Dauer derselben gesichert. Wenn die Unterstützung bereits seit der Entstehung des Rentenanspruchs gewährt wurde, ist nicht nur die laufende Rente, sondern auch der zur Zeit der Feststellung rückständige Betrag dem Armenverband zu überweisen.

Andrerseits aber wird bei den Fällen der fortlaufenden Unterstützung ein grundlegender Unterschied zwischen der sogenannten offenen und der sogenannten geschlossenen Pflege gemacht. Nur bei der letzteren, „wenn die Unterstützung in der Gewährung des Unterhalts in einer Anstalt besteht", kann die Überweisung der vollen Rente beansprucht werden; das gilt also bei Unterbringung in einem Siechen-, Armen- oder Krankenhause und in einer Irrenanstalt. Der Gesetzgeber geht davon aus, daß in solchen Fällen es durch nichts gerechtfertigt ist, dem Armenverband nur die halbe Rente zukommen zu lassen und die andere Hälfte dem Versicherten zu belassen; denn dieser erhält ja seinen Lebensunterhalt in vollem Umfang in der Anstalt und bedarf des baren Geldes nicht. Aus dieser Argumentation ergiebt sich, daß die Überweisung der ganzen Rente immer nur bei Gewährung des ganzen notwendigen Lebensunterhaltes eintreten kann und nicht etwa schon dann, wenn nur freie Wohnung oder sogar Wohnung und Kost, aber nicht die Kleidung gewährt wird. Voraussetzung für die Überweisung der vollen Rente ist außerdem selbstverständlich, daß die dem Armenverband durch die Anstaltsverpflegung erwachsenden Kosten mindestens so hoch sind, wie die Rente; denn es handelt sich, wie bereits oben ausgeführt ist, um einen „Ersatz"anspruch.

Gegen diese Bestimmung über das Verfahren bei geschlossener Pflege ist das Bedenken erhoben worden, daß durch sie die Neigung der Armenverbände, fortlaufende Unterstützungen durch Verweisung in das Armenhaus zu gewähren, in bedauerlicher Weise gefördert werde; es werde häufig geschlossene Pflege nur deshalb gewährt werden, um die Einziehung der vollen Rente zu ermöglichen. Die geschlossene Pflege aber sei die entehrendste Form der öffentlichen Unterstützung. Die Versicherungsanstalten würden daher voraussichtlich in nicht seltenen Fällen Anlaß nehmen können, Rentenempfänger gegen unberechtigte Verweisung in das Armenhaus zu schützen (vgl. Gebhard und Düttmann a. a. O. S. 355 Anm. 12 Abf. 6, Anm. 15 Abf. 2 und Düttmann in Nr. 10 der „Inval. und Altersversicherung im Deutschen Reich" Jahrg. 1899). Diese Äußerung schießt jedoch weit über das Ziel hinaus. Denn einmal hat der Bezug von Armenunterstützung, in welcher Form es auch sein mag, an sich eine Entehrung des Empfängers nicht zur Folge, sondern höchstens dann, wenn sich derselbe durch eigene Schuld in seine Notlage versetzt hat, und andrerseits ist es nicht recht verständlich, auf welche Weise die Versicherungsanstalten den ihnen angeblich obliegenden Schutz des Versicherten ausüben sollen. Hinzu kommt schließlich, daß § 55 für den Armenverband ein ausreichendes Mittel giebt, um sich auch bei offener Pflege in den Besitz der ganzen Rente zu setzen.

Von der Befugnis, bei Gewährung von dauernder Anstaltspflege die volle Rente einzuziehen, wird seitens der Armenverbände regelmäßig Gebrauch gemacht. Unter Umständen kann es jedoch zweckmäßig sein, auf die Einziehung zu Gunsten der Angehörigen ganz oder zum Teil zu verzichten, wenn dieselben bisher auf den Arbeitsverdienst des Unterstützten angewiesen waren und bei Inanspruchnahme der Rente ihrerseits in offener Pflege unterstützt werden müßten. In solchen Fällen erscheint es unpraktisch und mit unnötiger Arbeit verknüpft, die Rente einzuziehen und auf der anderen Seite vielleicht denselben Betrag an Unterstützung wieder auszuzahlen. Doch ist, wie die Berliner Grundsätze (§ 60) richtig bemerken, dabei zu berücksichtigen, daß die Angehörigen nur dann in den Genuß der Rente gelangen können, wenn sie eine mit der beglaubigten Unterschrift des Rentenberechtigten versehene Quittung allmonatlich bei der Post präsentieren können. Ist daher der Verpflegte zur Ausstellung einer Quittung nicht in der Lage, und ein Vormund oder Pfleger für ihn nicht bestellt, so empfiehlt sich die Einziehung der Rente durch den Armenverband. Von einigen Armenverbänden schließlich (z. B. von Breslau) wird zwar die volle Rente eingezogen, ein Teil derselben aber als Taschengeld an den Unterstützten ausgekehrt.

Wird nicht der volle Unterhalt in einer Anstalt gewährt, so kann die Überweisung von höchstens der halben Rente beansprucht werden. Das gilt also für alle Fälle der offenen Armenpflege. Beträgt z. B. die Rente 15 Mark monatlich, so kann die Überweisung von höchstens 7,50 Mark beansprucht werden; wenn jedoch der Betrag der monatlichen Unterstützung geringer als 7,50 Mark ist, nur die Überweisung des geringeren Betrages.

Diese Beschränkung des Ersatzanspruches auf die Hälfte der Rente bei fortlaufender Unterstützung in offener Pflege findet ihre Begründung in der Erwägung, daß ohne die Beschränkung die ganze Rente durch die Leistungen des Armenverbandes aufgezehrt werden könnte, so daß der Rentenempfänger trotz der von ihm früher entrichteten Beiträge thatsächlich nicht in den Genuß einer Rente treten würde. Um die Härte, die in einem solchen Verfahren liegen würde, zu beseitigen, soll die Hälfte der Rente dem Rentenempfänger „ohne Anrechnung auf die nach Maßgabe der sonstigen Bestimmungen des öffentlichen Rechts weiter zu gewährenden Leistungen der öffentlichen Armenpflege" verbleiben.

Klar ist danach, daß in solchen Fällen die Armenverbände nur die halbe Rente beanspruchen, die Versicherungsanstalten nur die halbe Rente den Armenverbänden zur Einziehung überweisen dürfen. Wenn also für jemanden, der bisher mit 20 Mark monatlich unterstützt wird, eine Rente von 12 Mark monatlich festgesetzt wird, so können dem Armenverband nur 6 Mark monatlich zur Einziehung überwiesen werden, so daß seine ungedeckten Aufwendungen sich noch auf 14 Mark belaufen; die übrigen 6 Mark monatlich sind dem Unterstützten selbst auszukehren und der überwiesene Betrag kann selbstverständlich auch dann nicht erhöht werden, wenn die Unterstützung erhöht wird. Fraglich aber erscheint es, ob der Armenverband nunmehr die von ihm gewährte Unterstützung um 6 Mark vermindern darf, eine Frage, die an sich nicht unmittelbar das Verhältnis der Armenverbände zu den Versicherungsanstalten berührt, also nicht eigentlich innerhalb der Grenzen der diesem Bericht gestellten Aufgabe bleibt, aber doch außerordentlich nahe mit ihr zusammenhängt, weil ihre Beantwortung für den Wert oder Unwert der fraglichen einschränkenden Bestimmung von allergrößtem Wert ist. Kann nämlich der Armenverband die von ihm bisher gewährte Unterstützung um den Betrag der halben dem Unterstützten zukommenden Rente kürzen, so hat jene Bestimmung offenbar keine andere Bedeutung, als daß dem Unterstützten das Gefühl verschafft wird, doch etwas für die von ihm geleisteten Versicherungsbeiträge zu erhalten; es würde sich lediglich um einen ideellen Erfolg handeln und eine Erhöhung der Gesamteinnahme nicht ein=

treten; gerade darauf aber wird es dem Unterstützten, wenn nicht ausschließlich, so doch in der Hauptsache ankommen.

Die aufgeworfene Frage ist bereits unter der Herrschaft des J.= und A.V.G. im Deutschen Verein ausführlich behandelt worden; im Heft 39 der Schriften des Vereins (1898) haben sich der Beigeordnete Dr. Schmidt-Mainz und Stadtrat Cuno-Königsberg in ihren Referaten über „Existenzminimum in der Armenpflege, Anrechnung der Leistungen der Privatwohlthätigkeit und Invalidenrenten" des längeren über diesen Punkt verbreitet und beide sind zu dem von der Jahresversammlung zu Nürnberg (vgl. Heft 40 S. 128) gebilligten Schluß gekommen, daß nach den Grundsätzen des Armenrechts die Renten auf die zu gewährende bezw. gewährte Unterstützung in voller Höhe zur Anrechnung gebracht werden müssen, selbstverständlich unter der Voraussetzung, daß die öffentliche Unterstützung an sich richtig bemessen sei. Allerdings erhoben sich auch verschiedene Stimmen dafür, daß den Armen die Rente wenigstens zum Teil zu gute kommen müsse, das Vorhandensein einer rechtlichen Verpflichtung für die Armenverbände nach dieser Richtung hin hat aber von keiner Seite her behauptet werden können. Eine solche rechtliche Verpflichtung bestand aber auch zu jener Zeit zweifellos nicht, und es ist nur zu prüfen, ob durch den § 49 Abs. 4 J.V.G. eine Änderung in der Rechtslage herbeigeführt ist.

Hierbei ist nun zunächst zuzugeben, daß derjenige, der die angezogene Stelle der Motive verfaßt hat, in der That vermutlich die Absicht einer Änderung hatte. Er sagt nicht nur, daß dem Rentenempfänger die Rente in der Regel wenigstens zur Hälfte belassen werden muß, sondern sagt ausdrücklich, daß die dem Rentenempfänger verbleibende Hälfte der Rente auf die nach Maßgabe der sonstigen Bestimmungen des öffentlichen Rechts zu gewährenden Leistungen der öffentlichen Armenpflege nicht angerechnet werden soll (Motive S. 74), d. h. dem Hilfesuchenden soll diejenige Unterstützung, welche ihm nach den Vorschriften des U.W.G. gegeben werden muß, auch dann in vollem Umfang weiter gewährt werden, wenn er die Hälfte einer für ihn festgesetzten Rente erhält. Die Leistungen der öffentlichen Armenpflege sollen wegen des Bezuges dieser halben Rente nicht verkürzt werden (vgl. auch Landmann S. 437 Anm. 6). Es fragt sich nun aber, ob dieser Wille des Verfassers der Motive in ausreichender Weise im Gesetz zum Ausdruck gekommen ist, und diese Frage ist zu verneinen. Der Absatz 4 des § 49 sagt nichts darüber, welche Wirkung der Rentenbezug auf die Gesamthöhe des Einkommens des Hilfsbedürftigen haben soll, und konnte naturgemäß auch schwerlich etwas hierüber sagen, da die Regelung der Beziehungen zwischen den Armenverbänden und ihren Unterstützten im Grunde genommen nicht zu den Aufgaben des J.V.G. gehört. Andrerseits liegt es im Wesen jeder Armenunterstützung, daß sie sich auf das zum Lebensunterhalt unbedingt Notwendige zu beschränken hat; dieses wichtige Princip der Armenpflege sozusagen nebenher und ohne ausdrückliche Hervorhebung in den Worten des Gesetzes umzustoßen, kann schwerlich die Absicht der gesetzgebenden Faktoren gewesen sein (vgl. auch von Frankenberg in der J. und A.V. im Deutschen Reich 1899 Nr. 11 Beilage).

Sind die Armenverbände somit nicht verpflichtet, die halbe Rente bei

Berechnung der Unterstützung außer Anrechnung zu lassen, so ist der eigentliche Zweck der fraglichen Bestimmung offenbar verfehlt. Überdies ist dieselbe auch in verschiedenen anderen Beziehungen äußerst mangelhaft; denn einerseits kann sie jederzeit umgangen werden sowohl dadurch, daß nicht offene, sondern geschlossene Pflege gewährt wird, als dadurch, daß von der Einziehung der halben Rente überhaupt abgesehen und die Unterstützung unter Berücksichtigung des vollen Rentenbezugs bemessen wird[1], und andrerseits ist sie durchaus unbegründet und sinnlos, soweit es sich um rückständige Rentenbeträge handelt, weil deren uneingeschränkte Inanspruchnahme den Versicherten nicht hindern würde, in den Genuß der Rente einzutreten, und schließlich trifft dieser für die fragliche Vorschrift angeführte Grund ebenso gut für die Fälle der geschlossenen Pflege zu; auch bei diesen tritt der Versicherte trotz seiner Beitragszahlung nicht in den Genuß der Rente, so daß es in der That an einem ausreichenden Anlaß fehlt, beide Fälle verschieden zu regeln. Die Bestimmung hat aber auch einen praktischen Wert durchaus nicht. Bedarf der Rentenempfänger neben der Rente einer Unterstützung, so ist es in der Regel zwecklos, die halbe Rente einzuziehen, weil der eingezogene Betrag sofort in Form von Unterstützung wieder hergegeben werden müßte. Solange die volle Rente eingezogen werden konnte, wie es nach dem J. und A.V.G. der Fall war, konnte ein derartiges Verfahren allerdings häufig am Platze sein, um zu verhüten, daß der Arme die ganze Rente zu Beginn des Monats in die Hand bekam, sie alsbald verbrauchte und dann in Not geriet, während er bei gleichmäßiger Verteilung seines Einkommens erheblich besser auskommen konnte und einer geringeren oder keiner Unterstützung bedurfte. Nachdem aber die Möglichkeit, die volle Rente einzuziehen, fortgefallen ist, kann jener Zweck nur noch in sehr beschränktem Umfang erreicht werden, so daß sich die Einziehung der halben Rente kaum noch empfiehlt. Zahlreiche Armenverbände sehen daher von der laufenden Einziehung der halben Rente bei der Unterstützung in offener Pflege völlig ab. Wird die Rente bereits bei Beginn der Unterstützung gezahlt, so wird eben nur insoweit Unterstützung gewährt, als die Rente zur Bestreitung des notwendigen Lebensunterhaltes nicht ausreicht; wird die Rente während des Laufes der Unterstützung bewilligt, so wird die Armenunterstützung entsprechend ermäßigt oder eingestellt. Diesen Standpunkt nehmen u. a. auch Berlin und Hamburg ein; nur ausnahmsweise und aus besonders schwerwiegenden Gründen, vor allem, wenn es sich mit Rücksicht auf die Lebensweise des Unterstützten oder die Not der Angehörigen empfiehlt, ihm selbst möglichst wenig Geld zukommen zu lassen, wird die Überweisung der halben Rente beantragt. Dagegen wird die bis zum Tage der Bewilligung rückständige Rente in der Regel, soweit es gesetzlich zulässig ist, eingezogen und der Rückstand dem Unterstützten nur ausnahmsweise überlassen, wenn und insoweit es zur Beseitigung der Notlage desselben erforderlich erscheint.

---

[1] Außerdem ist noch eine Umgehung durch Anwendung des § 55 Abs. 1 Ziff. 3 möglich (vgl. S. 46).

IV (§ 50 Abf. 1).

Nachdem im § 49 das Verhältnis der Armenverbände zu den Versicherungsanstalten nach der materiellen Seite hin geregelt ist, beschäftigt sich § 50 mit der Bestimmung der Formen, welche für das Verfahren maßgebend sein sollen. § 50 Abf. 1 lautet:

> „Der Antrag auf Überweisung von Rentenbeträgen (§ 49 Abf. 2 bis 4) ist bei einer der im § 112 Abf. 1 bezeichneten Behörden anzumelden; soweit es sich um den Ersatz für eine vorübergehende Unterstützung handelt, ist der Anspruch bei Vermeidung des Ausschlusses spätestens binnen drei Monaten seit Beendigung der Unterstützung geltend zu machen."

Es ist selbstverständlich und auch vom Reichsversicherungsamt anerkannt, daß derjenige Armenverband, dem auf Grund des § 49 Abf. 2 Ansprüche auf Überweisung von Rentenbeträgen erwachsen sind und der beabsichtigt, diese Ansprüche geltend zu machen, diese Absicht auf irgend eine Weise kundgeben muß und zwar so, daß sie der zuständigen Versicherungsanstalt bekannt wird; denn sonst wird diese immer nur an den zunächst ausschließlich zur Empfangnahme der Rente berechtigten Versicherten zahlen. Die Versicherungsanstalt ist nämlich unstreitig nicht verpflichtet, ihrerseits von Amtswegen Ermittlungen über das Vorhandensein von Ersatzansprüchen anzustellen, und haftet daher auch nicht, falls sie unter Nichtberücksichtigung ihr unbekannter Ersatzansprüche Rentenbeträge an den Versicherten ausgezahlt hat, auf welche der Armenverband hätte Anspruch erheben können. Wohl aber wird man unter Zugrundelegung der vom Reichsversicherungsamt für das Gebiet der Unfallversicherung aufgestellten Grundsätze (vgl. Handbuch der Unfallverf. S. 190 f. § 8 Anm. 5) annehmen dürfen, daß die Versicherungsanstalt verpflichtet ist, dem Armenverband Gelegenheit zur Geltendmachung seiner Ansprüche zu geben, wenn sie in zuverlässiger Weise z. B. durch die von der unteren Verwaltungsbehörde abgegebene Erklärung des Rentenbewerbers, daß er wegen seiner Erwerbsunfähigkeit schon die Armenpflege habe angehen müssen, von dem Vorliegen solcher Ansprüche Kenntnis hat. Dasselbe wird, soweit lediglich die versicherungsrechtlichen Vorschriften in Betracht kommen, von der unteren Verwaltungsbehörde gelten[1]; jedoch wird für diese nicht selten eine Verpflichtung zur Anstellung direkter Ermittlungen aus ihrer Stellung zu der Armenverwaltung als einer die Interessen derselben Gemeinde vertretenden Behörde herzuleiten sein. Die Ermittlungen lassen sich im Laufe der Vorbereitung des Rentenantrages ohne besondere Schwierigkeit vornehmen, und es ist wohl überall dafür gesorgt, daß die Armenverwaltung von jedem Antrag auf Bewilligung einer Rente oder doch von jeder Bewilligung Kenntnis erhält, sei es durch Vorlage der Akten, sei es durch formularmäßige Mitteilung über jeden einzelnen Fall oder allmonatlich listenweise.

---

[1] Die Formulare, welche nach der Preußischen Ausführungsanweisung vom 6. Dezember 1899 für die Abgabe des Gutachtens der unteren Verwaltungsbehörden vorgeschrieben sind, enthalten unter 7. die ausdrückliche Frage, ob Ersatzansprüche angemeldet sind, und geben so eine Anregung zur Feststellung, ob solche Ansprüche vorhanden sind; ebenso u. a. die Hamburger Formulare.

Die eingezogenen Auskünfte ergeben darüber beispielsweise das Folgende:

Altona. Die in jedem einzelnen Fall erwachsenen Akten des Magistrats, Abteilung Invaliditäts=Versicherung, werden dem Armenwesen mitgeteilt.

Ansbach. Der Armenpflegschaftsrat kann von dem bei der Ortspolizeibehörde geführten Verzeichnis der Rentenempfänger jederzeit Einsicht nehmen.

Augsburg. Das magistratische Bureau für Invalidenversicherung hat jede Renteneinweisung dem Bureau der Armenpflege schriftlich mitzuteilen.

Berlin. Der Magistrats=Kommissar für Invalidenversicherung giebt der Armendirektion durch Formular von jedem bei ihm eingehenden Antrage auf Invaliden= oder Altersrente und von jeder zu seiner Kenntnis gelangenden Bewilligung einer solchen Rente sofort Nachricht.

Braunschweig. Der Magistrat als untere Verwaltungsbehörde giebt die ihm zugehenden Nachrichten über Rentenbewilligungen und dergl. monatlich in einer Liste an die Armendirektion ab.

Danzig. Das städtische Gewerbebureau erhält durch die Versicherungsanstalt von jeder Rentenbewilligung und jedem Rentenantrage Kenntnis und teilt die Bewilligung bezw. den Antrag durch Formular dem Armenamt mit.

Düsseldorf. Das Alters= und Invalidenversicherungsbureau übersendet der Armenverwaltung in bestimmten Zeiträumen eine Liste.

Hamburg. Die Polzeibehörde als untere Verwaltungsbehörde giebt der Armenverwaltung von jedem Antrage sofort und von allen Bewilligungen monatlich listenweise durch Formular Kenntnis.

Kiel. Das Magistratsbureau für Invaliditäts= und Altersversicherung giebt der Armenverwaltung formularmäßig von jedem Antrage Kenntnis. Die Formulare für Hamburg und Kiel, welche sich durch ihre Einfachheit empfehlen, sind im Anhang abgedruckt (Anl. 1 u. 2).

Selbstverständlich kann, wie generell bemerkt werden muß, eine derartige Mitteilung der Anträge immer nur dann erfolgen, wenn die Anträge bei derjenigen unteren Verwaltungsbehörde gestellt sind, welche sich am Sitze des Armenverbandes befindet; in den übrigen Fällen wird dieser im wesentlichen auf die Angaben des Unterstützten selbst angewiesen sein. Von dem Rentenbezug dagegen wird vielfach in einem größeren Umfang Mitteilung gemacht, indem eine Benachrichtigung auch dann erfolgt, wenn ein Rentenempfänger aus dem Bezirk einer Versicherungsanstalt in den einer anderen verzieht.

Wichtig ist aber unter allen Umständen, daß der Armenverband nicht nur von jeder Bewilligung einer Rente, sondern auch von jedem Antrag auf Bewilligung Kenntnis erhält. Denn, da auf die Bewilligung unmittelbar die Auszahlung derjenigen Rentenbeträge erfolgt, welche für die Zeit vor der Rentenfestsetzung fällig sind, so ermöglicht die Mitteilung von der Rentenbewilligung nicht mehr die Inanspruchnahme dieser rückständigen Rentenbeträge; diese werden regelmäßig vor der Anmeldung des Ersatzanspruchs an den Unterstützten ausgezahlt und von ihm häufig in einer unwirtschaftlichen Weise ausgegeben sein. Bei vorübergehenden Unterstützungen

wird sich der Armenverband allerdings meistens aus den späteren Renten=
beträgen ausreichend befriedigen können, bei fortlaufenden dagegen des Er=
satzes für die Unterstützung, welche vor der Rentenfestsetzung gewährt ist,
verlustig gehen.

Die Kundgebung des Willens, den Ersatzanspruch geltend zu machen,
erfolgt nun nach dem ersten Satz von § 50 Abs. 1 durch Stellung eines
„Antrags auf Überweisung von Rentenbeträgen" und zwar ist in dem Gesetz
bestimmt, daß dieser Antrag nicht bei den Versicherungsanstalten zu stellen,
sondern „bei der für den Wohnort oder Beschäftigungsort des Versicherten
und, wenn er einen solchen im Inland nicht mehr hat, bei der für seinen
letzten Wohnort oder Beschäftigungsort zuständigen unteren Verwaltungs=
behörde oder Rentenstelle" (vgl. § 112 Abs. 1) anzumelden ist, und zwar
ohne Unterschied, ob die Rente bereits bewilligt ist oder eine Rentenfest=
stellung noch gar nicht beantragt oder zwar beantragt, aber noch nicht vor=
genommen ist. Die in § 112 Abs. 1 ausgesprochene Befugnis der Landes=
centralbehörden „anzuordnen, daß die Anmeldung bei einer anderen Behörde
rechtswirksam erfolgen darf", welche die Anmeldung an die für ihren Bezirk
zuständige untere Verwaltungsbehörde oder Rentenstelle weiterzugeben hat,
gilt nicht für die Anmeldung des Ersatzanspruchs; denn durch sie sollte, wie
sich aus den Motiven (S. 727) ergiebt, nur dem Rentenberechtigten selbst
eine Erleichterung gewährt werden, und die auf Grund dieser Befugnis
bezeichneten Behörden gehören nicht zu den „im § 112 Abs. 1 be=
zeichneten".

Die Gründe dafür, daß die Anmeldung nicht bei den Versicherungs=
anstalten, sondern bei den genannten Behörden vorgeschrieben ist, sind lediglich praktischer Natur. Die Motive weisen darauf hin, daß die Erstattungs=
ansprüche vorwiegend auf Unterstützungen beruhten, die vor Zubilligung
einer Rente gewährt seien und daß daher regelmäßig zunächst über die
Grundlage des Ersatzanspruchs, nämlich das Bestehen eines Rentenanspruchs
an sich, Entscheidung getroffen werden müsse; die Ersatzansprüche würden
meistens schon im Laufe des Rentenfeststellungsverfahrens geltend gemacht
und dann zugleich mit dem Rentenanspruch selbst festzustellen sein. Daher
sei die Anmeldung bei der für die Entgegennahme des Rentenantrags zu=
ständigen Behörde zweckmäßig. Aber auch dann, wenn Armenunterstützungen
an Rentenempfänger gegeben seien, solle diese Behörde zuständig sein,
um das Verfahren zu vereinfachen und besondere Bestimmungen für diese
Fälle entbehrlich zu machen.

Unter mehreren zuständigen Stellen hat der Ersatzberechtigte nach dem
Wortlaut des Gesetzes die Wahl.

Es könnten danach unter Umständen, z. B. wenn der Unterstützte bei
der Behörde des Beschäftigungsorts den Antrag auf Bewilligung einer
Rente, der Armenverband dagegen seinen Antrag auf Überweisung von
Rentenbeträgen bei der Behörde des Wohnorts anbringt, und Wohn= und
Beschäftigungsort nicht zu derselben Versicherungsanstalt gehören, der vom
Rentenberechtigten gestellte Rentenantrag und der vom Armenverband er=
hobene Ersatzanspruch bei verschiedenen Behörden anhängig sein und infolge=
dessen zwei verschiedene Versicherungsanstalten mit der Sache befaßt werden,

eine Folge, die zu praktisch undurchführbaren Resultaten führen würde. Es erscheint aber klar, daß, sobald bei einer Versicherungsanstalt ein Rentenverfahren anhängig ist, diese Anstalt ausschließlich für die Erledigung eines von einem Armenverband erhobenen Ersatzanspruches zuständig sein muß; Versicherter und Armenverband können, weil sie sachlich denselben Anspruch verfolgen, das ihnen zustehende Wahlrecht nicht auf verschiedene Weise ausüben; vielmehr ist bestimmend die Entscheidung dessen, der es zuerst ausübt. Trägt daher auch die zur Entgegennahme der Anmeldung zuständige Behörde auf Grund der striften Vorschrift des § 112 Abs. 2 Bedenken, die Anmeldung an eine andere als die für ihren Bezirk zuständige Versicherungsanstalt zu übersenden, so wird doch diese die Anmeldung an die mit dem Rentenverfahren befaßte Versicherungsanstalt abzugeben haben. Schwebt dagegen ein Rentenverfahren noch nicht und verbindet der Armenverband mit der Anmeldung seines Ersatzanspruches den Antrag auf Rentenfestsetzung, so ist damit die Zuständigkeit derjenigen Versicherungsanstalt begründet, zu deren Bezirk diejenige Behörde gehört, bei welcher der Antrag eingegangen ist, und ein späterer Antrag des Versicherten selbst kann diese Zuständigkeit nicht beeinträchtigen, sondern ist an jene Anstalt abzugeben (so auch Gebhard u. Düttmann a. a. O. Anm. 3 zu § 50).

Ist diejenige Behörde, welcher die Vertretung des ersatzberechtigten Armenverbandes obliegt, mit der gemäß § 112 für die Entgegennahme der Anmeldung zuständigen Behörde identisch, wie das besonders bei kleinen Gemeinden leicht der Fall sein kann, so darf sie ohne Bedenken den Ersatzanspruch bei sich selbst anmelden, was durch eine entsprechende Notiz in den Akten oder sonst in irgend einer nach außen hin erkennbaren Weise zu geschehen haben wird.

Was die praktische Ausführung des § 50 Abs. 1 Satz 1 betrifft, so ist es eine eigentümliche Erscheinung, daß entgegen der in demselben enthaltenen Vorschrift zahlreiche Armenverbände den Ersatzanspruch entweder in allen oder doch in einzelnen Fällen statt bei der unteren Verwaltungsbehörde unmittelbar bei der Versicherungsanstalt anmelden. So teilen Straßburg, Würzburg, Darmstadt, Danzig, Kiel, Bayreuth und Altona mit, daß die Anmeldung durch Schreiben an die Landesversicherungsanstalt erfolge, während z. B. Ansbach dort nur dann anmeldet, wenn der Unterstützte bei Beginn der Unterstützung schon eine Rente bezieht, bei der unteren Verwaltungsbehörde dagegen, wenn die Rente erst während der Unterstützung gewährt wird. Diese Erscheinung findet ihren Grund darin, daß die Vorschrift des Gesetzes unzweckmäßig ist; die Anmeldung bei der unteren Verwaltungsbehörde ist, wenigstens in den Fällen, in welchen das Rentenfeststellungsverfahren nicht mehr bei derselben schwebt, im allgemeinen zwecklos und mit Zeitverlust verknüpft; Rentenbeträge, die bei unmittelbarer Anmeldung bei der Versicherungsanstalt noch dem Zugriff des Armenverbandes unterlegen haben würden, können bereits an den Versicherten zur Auszahlung gelangt sein, ehe die bei der unteren Verwaltungsbehörde erfolgte Anmeldung an die Versicherungsanstalt weiter gegeben ist. Das gesetzlich vorgeschriebene Verfahren ist besonders unpraktisch bei den landarmen, umherwandernden Rentenempfängern; der Landarmenverband Schleswig-Holstein meldet daher seine Ansprüche für diese Personen stets bei der Versicherungsanstalt an.

Wenn man aber die Frage aufwirft, ob eine derartige Anmeldung bei der Versicherungsanstalt als rechtsgültig im Sinne des § 50 Abs. 1 anzusehen ist, so muß man dieselbe wohl zweifellos verneinen, da diese Bestimmung ausdrücklich die Anmeldung bei der unteren Verwaltungsbehörde vorschreibt. Die Anmeldung bei der Versicherungsanstalt hat daher nur den Erfolg, daß dieselbe dadurch in zuverlässiger Weise von dem Bestehen eines Ersatzanspruchs in Kenntnis gesetzt wird (vgl. oben S. 24) und die Auszahlung weiterer Rentenbeträge bis zur ordnungsmäßigen Geltendmachung des Ersatzanspruches zurückhalten kann.

Über den Inhalt der Anmeldung ist im Gesetz nichts bestimmt worden; naturgemäß muß sie diejenigen Thatsachen enthalten, aus denen sich der Anspruch auf die verlangte Überweisung ergiebt, insbesondere also die Behauptung, daß eine bestimmte Person wegen Hilfsbedürftigkeit in einer bestimmten Weise hat unterstützt werden müssen oder unterstützt werden muß. Einer Darlegung der Gründe der Hilfsbedürftigkeit wird es dagegen nur insoweit bedürfen, als das Vorliegen einer fortlaufenden Unterstützung behauptet wird. Ist die Unterstützung in geschlossener Pflege oder durch Gewährung von Naturalien geleistet, so muß ihr Geldwert genau angegeben werden. Besondere Bestimmungen über die Bewertung von Naturalleistungen, wie sie im § 24 Abs. 1 vorgesehen sind, fehlen hier. Doch werden sowohl die im § 24 wie die im § 3 vorgesehenen Wertsbemessungen einen Anhalt bieten können. Außerdem wird in der Anmeldung darauf hinzuweisen sein, daß der Unterstützte eine Rente beziehe oder zu beanspruchen habe. Dagegen wird es nicht erforderlich sein, den erhobenen Anspruch durch bestimmte Angabe der zu überweisenden einzelnen Monatsbeträge zu specialisieren, sondern ausreichen, wenn „der nach den angeführten Thatsachen auf Grund des § 49 J.V.G. dem Armenverband erwachsene Ersatzanspruch geltend gemacht wird". Die ziffernmäßige, unter Berücksichtigung von Abs. 3 u. 4 des § 49 vorzunehmende Berechnung desselben kann der Versicherungsanstalt überlassen werden. Die in Berlin, Hamburg und Hannover für die Anmeldung gebräuchlichen Formulare sind im Anhang (Anl. 3—8) abgedruckt. Wie aus denselben ersichtlich ist, nimmt Berlin nach Eingang der Nachricht von der Stellung des Rentenantrags zunächst eine vorläufige Anmeldung vor (Anl. 3), um dann nach Aufstellung der genauen Liquidation eine ausführliche Anmeldung folgen zu lassen (Anl. 4); für diejenigen Fälle, in denen ein Rentenverfahren noch nicht schwebt, kommt ein besonderes Formular (Anl. 5) zur Anwendung. In Hamburg wird das Formular Anl 6 verwendet, wenn eine Rente bereits festgesetzt ist, sonst das Formular Anl. 7.

Eine bestimmte **Frist** ist für die Anmeldung nur insoweit vorgeschrieben, als „es sich um den Ersatz für eine vorübergehende Unterstützung handelt"; dann ist nach dem zweiten Satz des § 50 Abs. 1 „der Anspruch bei Vermeidung des Ausschlusses spätestens binnen drei Monaten seit Beendigung der Unterstützung geltend zu machen". Vor einer späteren Geltendmachung soll der Rentenberechtigte geschützt sein, zu dessen Gunsten die Bestimmung ausschließlich getroffen ist, die im Grunde nichts Anderes als eine besonders kurz befristete, von Amtswegen zu berücksichtigende Verjährung bedeutet. Die Frist beginnt zu laufen nicht nach dem Ablauf des Tages, an welchem die Unterstützung zuletzt ausgezahlt ist, sondern erst nach Ablauf der Zeit, für welche die Unterstützung gewährt ist. Ist z. B. am 1. Oktober eine Mieteunterstützung für das letzte Vierteljahr gezahlt, so läuft die Frist erst vom 1. Januar des nächsten Jahres an. Die dreimonatliche Frist ist gewahrt, wenn die Anmeldung bei einer gemäß § 112 Abf. 1 zuständigen Behörde rechtzeitig eingegangen ist, ohne daß es auf die Zeit des Eingangs bei der Versicherungsanstalt ankäme. Eine Wiedereinsetzung in den vorigen Stand im Falle der Fristversäumnis wird bei dem Mangel einer entsprechenden Bestimmung nicht zugelassen werden können (vgl. Amtl. Nachr. 1896 S. 359); auch wird bei der öffentlich-rechtlichen Natur der Bestimmung eine etwaige Erklärung des Versicherten, daß er trotz vorliegender Fristversäumnis mit der Überweisung einverstanden sei, nicht zu beachten sein.

Für die Praxis ist die Bestimmung des § 50 Abf. 1 Satz 2 nur von geringer Bedeutung; fast sämtliche Armenverwaltungen, die Auskunft erteilt haben, bekunden übereinstimmend, daß erhebliche Nachteile durch Versäumung der dreimonatlichen Frist nicht entstanden sind; in vielen Fällen wird bei vorübergehender Unterstützung ein Ersatzanspruch überhaupt nicht geltend gemacht und im übrigen genügt eine Frist von 3 Monaten regelmäßig reichlich, um das Erforderliche zu veranlassen. Nur die Armendirektion Berlin teilt mit, daß in zahlreichen Fällen Unterstützungen, welche sonst aus dem Rentenrückstand hätten gedeckt werden können, nicht hätten angemeldet bezw. berücksichtigt werden können, weil schon bei Stellung des Rentenantrages die dreimonatliche Frist verstrichen gewesen sei.

V (§ 50 Abf. 2).

Wie oben (unter III) erörtert worden ist, ist der Anspruch der Armenverbände von dem Vorhandensein von nur zwei Voraussetzungen abhängig, nämlich erstens der, daß einer hilfsbedürftigen Person für einen bestimmten Zeitraum Unterstützung gewährt ist oder wird, und zweitens der, daß dieser Person für denselben Zeitraum ein Anspruch auf Rente zustand oder zusteht. Es kommt also in letzterer Beziehung nur darauf an, ob die Voraussetzungen der §§ 15, 16, 28—31 J.V.G. vorliegen, nicht aber darauf, ob auch die erforderlichen Schritte gethan sind, welche für die Festsetzung der Rente gethan werden müssen. Die Anmeldung des „Anspruchs" (§ 112 J.V.G.) auf Bewilligung einer Rente ist, wie sich schon aus dem Gebrauch des Wortes Anspruch ergiebt, lediglich ein formales Erfordernis, um die Rentenfeststellung herbeizuführen, und es ist daher für den Ersatzanspruch des Armenverbandes ebenso unerheblich, ob der Unterstützte noch lebt oder bereits vor der Anmeldung gestorben ist, wie es gleichgültig ist, ob er selbst einen Antrag stellt oder nicht. In Übereinstimmung mit diesen Ausführungen ließ denn auch bereits unter der Herrschaft des J. u. A.V.G. die Praxis es zu, daß die ersatzberechtigten Armenverbände auch noch nach dem Tode des Versicherten ihren Ersatzanspruch gleichzeitig mit dem Rentenanspruch überhaupt anmeldeten und durchführten. Wenn daher § 50 Abf. 2 Satz 1 J.V.G. bestimmt:

„Den Armenverbänden steht die Geltendmachung des Ersatzanspruches auch dann zu, wenn die hilfsbedürftige Person, welcher ein Anspruch auf Invaliden= oder Altersrente zustand, vor Stellung des Rentenantrages verstorben ist,"

so wird dadurch weniger eine rechtliche Grundlage für die bisherige Praxis gegeben, wie es die Absicht des Gesetzgebers war, als etwas ausdrücklich ausgesprochen, was aus den übrigen gesetzlichen Bestimmmungen als selbstverständlich gefolgert werden konnte.

Im Gegensatze zu dieser im ersten Satz des § 50 Abs. 2 enthaltenen Bestimmungen ergiebt sich die im Satz 2 niedergelegte Vorschrift keineswegs ohne weiteres aus der Rechtslage. Sie lautet:

„Die Bestimmung im § 44 Abs. 4 findet entsprechende Anwendung."

§ 44 Abs. 4 bestimmt aber, daß, wenn beim Tode des Versicherten bereits ein Rentenfeststellungsverfahren schwebt, der den Hinterbliebenen zustehende Anspruch auf Erstattung der Hälfte der Beiträge den Anspruch der Erben auf die rückständigen Rentenbeträge ausschließt, solange nicht eine den letzteren anerkennende Entscheiduug zugestellt ist.

Der Satz 2 des 2. Absatzes von § 50 behandelt also den Fall, daß der Ersatzanspruch des Armenverbandes mit dem Anspruch eines Hinterbliebenen auf Beitragserstattung konkurriert; dann soll der letztere Anspruch den Vorrang haben, weil „die Fürsorge für die Hinterbliebenen dem nur eine Kosten= und Geldfrage bedeutenden Ersatzansprüche der Armenverbände" vorgehen muß. Die Bestimmung kommt jedoch nur dann zur Anwendung, wenn der Versicherte zu einer Zeit stirbt, in welcher bereits der Anspruch auf Bewilligung einer Rente gemäß § 112 angemeldet ist, in welcher aber noch nicht eine den Ersatzanspruch des Armenverbandes anerkennende Entscheidung zugestellt ist. Ist eine solche Entscheidung zugestellt, so ist auch, wenn sie nicht rechtskräftig ist, der Anspruch des Armenverbandes der stärkere; unter Zustellung ist die Zustellung an den Armenverband zu verstehen.

VI.

Über das Verfahren, welches nach der Anmeldung des Ersatzanspruchs seitens der zur Entgegennahme der Anmeldungen zuständigen Behörden einzuschlagen ist, enthält das Gesetz eine Bestimmung nicht, sodaß man im Zweifel darüber sein könnte, ob diese Behörden lediglich die Anmeldung an die zuständige Versicherungsanstalt weiterzugeben oder ihrerseits in eine Prüfung des angemeldeten Anspruchs einzutreten haben. Nach den Motiven soll sich die Obliegenheit der Behörden „meistens darauf beschränken, die Zustimmung des Rentenempfängers zu der beanspruchten Überweisung herbeizuführen und alsdann die Überweisung der Rentenbeträge bei dem Anstaltsvorstande zu veranlassen". Widerspreche der Versicherte der Überweisung, so sei das Streitverfahren einzuleiten. Danach hat es den Anschein, als ob der Verfasser der Motive die Einholung der Zustimmung des Rentenempfängers unter allen Umständen für erforderlich erachtet hat. Aber diese Ansicht ist zweifellos eine irrtümliche, in dem Gesetz in keiner Weise begründete. Denn der Anspruch, welcher den Armenverbänden auf

Grund des § 49 gegen die Versicherungsanstalten zusteht, beruht seinem Grunde nach lediglich auf zwei Thatsachen, nämlich erstens derjenigen, daß der Armenverband für eine bestimmte Zeit Unterstützung gewährt oder gewährt hat, und zweitens derjenigen, daß dem Unterstützten für diese Zeit eine Rente zustand oder zusteht. In dem Augenblick, in welchem diese zwei Thatsachen gegeben sind, ist der Ersatzanspruch entstanden und von einer Zustimmung des Versicherten ist in dem § 49 nicht die Rede, von ihr also der Anspruch des Armenverbandes nicht abhängig und daher ein etwaiger Widerspruch des Versicherten an sich völlig unerheblich. Mit dem Gesetz selbst nicht in Einklang stehende Äußerungen in den Motiven können aber irgend eine Bedeutung nicht beanspruchen. Zutreffend heißt es in Übereinstimmung mit diesen Ausführungen in einer Entscheidung des Bezirksausschusses zu Merseburg vom 29. Juni 1900: „An das Einverständnis des Empfängers der Rente oder seines Vormundes oder Pflegers ist diese Überweisung nirgends geknüpft und es ist daher das dahin zielende Verlangen des Beklagten (d. h. der Versicherungsanstalt), daß vorerst diese Zustimmung beigebracht werden müsse, gesetzlich nicht begründet."

Dem Gesetz entsprechend erscheinen vielmehr folgende Grundsätze. Da die Anmeldung des Ersatzanspruches, wie aus den Motiven erhellt, im wesentlichen wegen der dadurch bewirkten Vereinfachung des Verfahrens bei den unteren Verwaltungsbehörden zu geschehen hat, so wird man davon auszugehen haben, daß dieselben in eine Prüfung des angemeldeten Ersatzanspruchs einzutreten und die Anmeldung nicht ohne weiteres an die Versicherungsanstalt abzugeben haben. Denn gerade darin, daß die untere Behörde infolge ihres Amtssitzes leichter in der Lage ist, diese Prüfung vorzunehmen als die Versicherungsanstalt, liegt die bezweckte Vereinfachung des Verfahrens. Geht daher eine Anmeldung bei der unteren Verwaltungsbehörde ein, so wird diese zunächst zu prüfen haben, ob die Anmeldung alle diejenigen Angaben enthält, welche notwendig sind, damit eine Entscheidung getroffen werden kann, ob also die Zeit, für welche die Unterstützung gewährt ist, sowie deren Höhe genau angegeben ist, ob genügend ersichtlich ist, daß es sich um eine fortlaufende oder eine vorübergehende, eine in geschlossener oder in offener Pflege gewährte Unterstützung handelt, ob bei der vorübergehenden Unterstützung die Anmeldung rechtzeitig erfolgt ist u. s. w. Ist der Inhalt der Anmeldung nicht vollständig oder unklar, so hat die Behörde den anmeldenden Armenverband zur Ergänzung oder Erläuterung aufzufordern.

Erscheint nach der ursprünglichen oder der infolge dieser Aufforderung ergänzten Anmeldung der Ersatzanspruch des Armenverbandes begründet, so ist in Erwägung zu ziehen, ob und inwieweit eine Prüfung der Angaben des Armenverbandes auf ihre Richtigkeit hin erforderlich ist. In der Regel wird eine solche Prüfung nicht erforderlich sein, weil die unteren Verwaltungsbehörden bezw. die Versicherungsanstalten unbedenklich dann mit der von ihnen zu fordernden Sorgfalt handeln, wenn sie nach Sachlage gerechtfertigter Weise die Überzeugung haben dürfen, daß die Angaben des Armenverbandes richtig sind, und weil sie diese Überzeugung regelmäßig schon daraus schöpfen können, daß die Angaben von einem Armenverbande, von einer Behörde ausgehen, auf deren Mitteilungen man sich im gewöhnlichen Verkehr verlassen darf (so auch die J. u. A.V. im Deutsch. Reich 1899 Nr. 9 S. 67 III). Die Fälle, in denen die Angaben des Armenverbandes nicht richtig sind, werden so außerordentlich gering sein, daß sie die Belastung der unteren Verwaltungsbehörden und Rentenstellen mit der Anhörung der Versicherten in allen Fällen keineswegs rechtfertigen, zumal da ein Schaden für die Versicherungsanstalten daraus nicht wird erwachsen können, wenn sie einmal zu Unrecht einen Rentenbetrag einem Armenverband ausgezahlt haben; denn dieser müßte das Empfangene ohne Zweifel zurückzahlen. Überdies ist in nicht seltenen Fällen die Anhörung des Versicherten gar nicht möglich, so, wenn derselbe verstorben, wenn er geisteskrank geworden oder sein Aufenthalt unbekannt ist.

Will aber die untere Verwaltungsbehörde entgegen diesen Erwägungen in allen Fällen oder unter Zustimmung zu denselben ausnahmsweise in einzelnen Fällen die Angaben des Armenverbandes prüfen, so giebt es dazu allerdings wohl kaum ein geeigneteres Mittel als die Anhörung des Versicherten. Aber diese Anhörung ist von der Einholung der Zustimmung des Versicherten durchaus verschieden. Der Versicherte wird zu befragen sein, ob die Behauptungen des Armenverbandes richtig sind; bestreitet er das, bestreitet er z. B., überhaupt eine Unterstützung oder doch eine Unterstützung in dem behaupteten Umfang oder zu der angegebenen Zeit empfangen zu haben, und widerspricht er aus diesem Grunde der beantragten Überweisung ganz oder zum Teile, so wird dieser Widerspruch allerdings von Relevanz und der Armenverband auf den Weg des Streitverfahrens zu verweisen sein; denn zur Entscheidung von Streitigkeiten zwischen Armenverbänden und Versicherten ist weder die untere Verwaltungsbehörde noch die Versicherungsanstalt befugt. Wenn aber der Versicherte, ohne das Vorliegen der gesetzlichen Voraussetzungen für den vom Armenverband geltend gemachten Anspruch zu bestreiten, der Überweisung aus irgend einem anderen Grunde, z. B. weil er die Rente nicht entbehren könne, oder weil er versprochen habe, das Geld irgend jemandem zu leihen, widerspricht, so wird dieser Widerspruch unbeachtet zu bleiben und die erbetene Überweisung trotz derselben zu geschehen haben. Die Versicherungsanstalt ist gesetzlich verpflichtet, die Überweisung vorzunehmen, sobald deren Voraussetzungen unbestritten feststehen.

Dieses Verfahren wird in gleicher Weise zu beobachten sein ohne Unterschied, ob es sich um eine Person handelt, die bereits eine Rente bezieht oder um eine Person, zu deren Gunsten ein Rentenfestsetzungsverfahren schwebt; irgend ein Gewicht darauf zu legen, daß die Motive nur von der Zustimmung des Rentenempfängers sprechen, erscheint völlig verfehlt, da irgendwelche innere Gründe für eine abweichende Behandlung des Rentenbewerbers nicht vorliegen und daher nicht angenommen werden kann, daß der Ausdruck Rentenempfänger absichtlich gewählt ist, um einen Unterschied kenntlich zu machen.

Der in dem Vorstehenden vertretene Standpunkt, daß die Zustimmung des Versicherten nicht erforderlich sei und daß auch seine Anhörung in der Regel unnötig sei, wird zur Zeit auch von den meisten Versicherungsanstalten geteilt. Immerhin bestehen aber erhebliche Verschiedenheiten in der Praxis, wie folgende Zusammenstellung ergiebt:

1. Die Zustimmung wird schlechterdings nicht für erforderlich gehalten von den Versicherungsanstalten Baden, Berlin, Brandenburg, Elsaß-Lothringen, Hannover, Hansestädte, Großherzogtum Hessen, Oberfranken, Ostpreußen, Pfalz, Posen, Königreich Sachsen, Sachsen-Anhalt, Schlesien, Schwaben und Neuburg, Westfalen und Westpreußen. Alle diese überweisen, wenn nur die Forderung des betreffenden Armenverbandes an sich zu Bedenken keinen Anlaß giebt; insbesondere hat der norddeutsche Verband von Versicherungsanstalten in seiner Konferenz vom 8. und 9. Juni 1900 die Zustimmung ausdrücklich für nicht erforderlich erklärt, wenn die Thatsache der geleisteten Unterstützung feststehe. Im einzelnen weichen jedoch die aufgezählten Versicherungsanstalten nicht unerheblich von einander ab.

a) In einzelnen Bezirken (z. B. Berlin und Oberfranken) beschränkt sich die Thätigkeit der unteren Verwaltungsbehörden im wesentlichen darauf, die Anmeldung an die Versicherungsanstalt abzugeben; der Rentenberechtigte wird weder von den unteren Verwaltungsbehörden, noch von der Versicherungsanstalt darüber gehört, ob er die Angaben des Armenverbandes als richtig anerkennt; es wird also so verfahren, wie es in den obigen Ausführungen als zulässig und zweckmäßig dargestellt ist.

b) In anderen Bezirken (z. B. Schlesien) wird in jedem Falle zunächst eine Erklärung des Unterstützten darüber herbeigezogen, ob er die Unterstützung nach Zeit, Art und Höhe anerkennt.

c) In noch anderen Bezirken (z. B. Hansestädte) wird unterschieden, ob es sich um einen Rentenempfänger oder Rentenbewerber handelt; im ersteren Fall wird der Unterstützte mit Rücksicht auf die oben erwähnte Bemerkung in den Motiven gehört, im letzteren nicht.

2. Die Versicherungsanstalt Württemberg hält zwar die ausdrückliche Zustimmung nicht für erforderlich, steht jedoch auf dem Standpunkt, daß der Widerspruch des Unterstützten die Überweisung ausschließe. Nach § 12 der Verfügung des Ministeriums des Innern, betr. den Vollzug des J.V.G., vom 25. November 1899 ist die Anmeldung von den württembergischen Armenverbänden in dreifacher Ausfertigung zu beschaffen, von denen die untere Verwaltungsbehörde je eine der Versicherungsanstalt und dem Versicherten zuzustellen hat mit der Aufforderung, einen etwaigen Widerspruch gegen den Antrag binnen 14 Tagen zu erheben. Erfolgt kein Widerspruch, so wird überwiesen, andernfalls die Überweisung verweigert.

3. Die Versicherungsanstalten Hessen-Nassau und Pommern halten gleichfalls zwar die Zustimmung nicht für nötig, überweisen aber vorsichtigerweise nur unter Vorbehalt der Rückforderung für den Fall, daß der Versicherte begründeten Widerspruch gegen die Überweisung erhebt bezw. mit Erfolg gegen die Versicherungsanstalt klagbar wird, — eine unnötige Vorsicht, da diese auch ohne den Vorbehalt zur Rückforderung desjenigen Betrages berechtigt sein würde, den sie auf Grund einer falschen Angabe des Armenverbandes oder auf Grund einer irrigen Rechtsanschauung an den Armenverband gezahlt hat. Ebenso verfährt die Thüringische Landes-

versicherungsanstalt, die jedoch zunächst immer die Zustimmung des Versicherten zu erlangen sucht.

4. Von einzelnen Versicherungsanstalten, so von Mittelfranken, sowie von Unterfranken und Aschaffenburg, wird zwar **principiell die Zustimmung gefordert**, jedoch unter besonderen Umständen, z. B. „in ganz klaren Fällen", von diesem Erfordernis abgesehen.

5. Ein verhältnismäßig geringer Teil der Versicherungsanstalten überweist Rentenbeträge dagegen ausnahmslos **nur bei Einverständnis des Versicherten** oder bei Vorliegen einer rechtskräftigen Entscheidung. Hierher gehören vor allem die Versicherungsanstalten Mecklenburg, Niederbayern, Oberbayern, Rheinprovinz und wohl auch Braunschweig und Oldenburg, die nur mitteilen, daß „die Unterstützten bisher immer zugestimmt hätten", bezw. daß „bislang, auch wenn sie zunächst verweigert war, die Zustimmung des Rentenempfängers stets erreicht worden" sei. Die Landesversicherungsanstalt Rheinprovinz beruft sich für die Richtigkeit ihres Verfahrens auf die oben erwähnte Stelle der Motive und auf die Revisionsentscheidung 313 (Amtl. Nachr. 1893 S. 167) und hält die Einforderung der Einwilligungserklärung schon deshalb für geboten, weil für den Vorstand stets Weiterungen entstehen, wenn ihm eine eventuell bestehende Streitigkeit zwischen den Beteiligten erst nach Überweisung der Rentenbeträge bekannt wird[1]. Daß die Motive in diesem Punkt nicht maßgebend sein können und daß Weiterungen verhältnismäßig äußerst selten sein und kaum eine Rolle spielen werden, ist bereits oben ausgeführt. Die erwähnte Revisionsentscheidung andrerseits kann als ausschlaggebend gleichfalls nicht erachtet werden, weil ihr wesentlicher Sinn nur darin besteht, daß der einem Armenverband zustehende Anspruch auf Rentenüberweisung, um im Rentenfeststellungsverfahren berücksichtigt zu werden, von ihm selbst geltend gemacht werden muß; nebenbei wird allerdings gesagt, daß die Versicherungsanstalt den Rentenberechtigten hören müsse, ob er den Anspruch auf Überweisung anerkenne, aber dieser beiläufigen, ohne Begründung gebliebenen Äußerung kann ein besonderer Wert nicht beigemessen werden.

Die untere Verwaltungsbehörde wird die Anmeldung möglichst bald, und zwar, wenn die Rente schon festgesetzt ist, thunlichst vor dem Termin, an welchem der nächste Rentenbetrag fällig wird, an die Versicherungsanstalt abzugeben haben; denn wenn es auch häufig auf eine geringe Verzögerung nicht ankommen wird, so kann doch in zahlreichen Fällen der Armenverband durch dieselbe geschädigt werden, indem z. B. der Unterstützte während der Zwischenzeit stirbt oder bei dauernder Anstaltspflege noch eine oder mehrere Monatsrenten selbst einzieht und zur Tilgung von Schulden oder zu Schenkungen verwendet. Ist der Antrag noch nicht vollständig und daher noch nicht zur Entscheidung und Abgabe an die Versicherungsanstalt reif, so wird diese mit einer vorläufigen Benachrichtigung zu versehen sein, damit sie geeignetenfalls die Zahlung der Rente vorläufig einstellen kann.

---

[1] Das von der Landesversicherungsanstalt Rheinprovinz unter Berücksichtigung dieses Standpunktes für die Anmeldung des Antrags entworfene Formular ist im Anhang als Anlage 9 abgedruckt.

Auch darüber, wie die Versicherungsanstalt zu verfahren hat, wenn ihr die Anmeldung des Ersatzanspruchs durch die untere Verwaltungsbehörde oder die Rentenstelle übermittelt ist, enthält das Gesetz eine Bestimmung nicht. Jedenfalls aber wird sie zunächst zu prüfen haben, ob die Voraussetzungen für die beantragte Überweisung vorliegen und zwar ohne Unterschied, ob der Versicherte der Überweisung zugestimmt hat oder nicht. Denn ebensowenig, wie es dieser Zustimmung bedarf, um die Überweisung vorzunehmen, ist sie im stande, etwaige fehlende Voraussetzungen des Ersatzanspruchs zu ergänzen. Ergeben sich daher aus dem der Anstalt vorliegenden Material Anhaltspunkte dafür, daß die Voraussetzungen des § 49 nicht gegeben sind, so ist auch bei vorhandener Zustimmung des Versicherten in eine Prüfung des Sachverhalts einzutreten und bei Bestätigung des Verdachts oder, falls der ersatzfordernde Armenverband den ihm obliegenden Nachweis des Vorhandenseins jener Voraussetzungen nicht führt, die Überweisung abzulehnen.

Eine Form ist für die von der Versicherungsanstalt zu treffende Entscheidung nicht vorgeschrieben; war der Antrag auf Überweisung mit dem Antrag auf Rentenfestsetzung verbunden, so wird die Entscheidung über den ersteren zweckmäßig mit dem Bescheide über den letzteren zu verbinden sein. Was insbesondere zunächst den Fall der Ablehnung des Antrags anbetrifft, so brauchen Gründe für dieselbe nicht angegeben zu werden; in der Praxis wird die Angabe von Gründen jedoch niemals unterbleiben. Von der Ablehnung wird jedenfalls der Armenverband zu verständigen sein, der Versicherte nur dann, wenn er im Laufe des Verfahrens über den Antrag gehört worden ist. Wird dem Antrag stattgegeben, so wird die Entscheidung in einer Verfügung des Inhalts zu bestehen haben, daß dem Armenverband als Ersatz für die einem bestimmten Versicherten gewährte Unterstützung die demselben zustehende Rente für einen bestimmten Zeitraum oder fortlaufend für die Dauer der Unterstützung ganz oder zur Hälfte zur Einziehung überwiesen wird; von der Verfügung ist dem Armenverband unter Übersendung eines Berechtigungsausweises, wie dem Versicherten Kenntnis zu geben und die Postanstalt des Sitzes des Armenverbandes entsprechend anzuweisen. Denn die Auszahlung der Renten erfolgt nach § 123 Abs. 1 ganz allgemein, also ohne Unterschied, an wen sie geschieht, durch die Postverwaltungen (vgl. auch Geschäftsanweisung, betr. die Auszahlungen durch die Post, vom 2. Dezember 1899, Amtl. Nachr. 1900 S. 255 § 1). Bei der fortlaufenden Überweisung ist es als eine selbstverständliche Voraussetzung derselben anzusehen, daß die Umstände, welche der Überweisung zu Grunde liegen, sich nicht wesentlich ändern, insbesondere auch die Unterstützung ihrer Höhe nach nicht unter den überwiesenen Rentenbetrag hinabsinkt; die Versicherungsanstalt kann daher auch nach vollzogener Überweisung jederzeit den Nachweis fordern, daß die Verhältnisse dieselben geblieben sind, und die Überweisungsverfügung eventuell abändern oder aufheben.

Es kann der Fall eintreten, daß dieselbe Person von zwei Armenverbänden zu derselben Zeit unterstützt worden ist und beide einen Ersatzanspruch gegen die Versicherungsanstalt erheben. Das kann insbesondere dann vorkommen, wenn die Unterstützung durch einen nur vorläufig fürsorgepflichtigen

Armenverband erfolgt ist und dieser gemäß § 30 Abs. 3 U.W.G. zwar einen Teil, aber nicht den vollen Betrag der Unterstützung von dem endgültig fürsorgepflichtigen Armenverband zurückerhalten hat. Dieser Fall kann nicht anders beurteilt werden, als ob die Rente bereits zur Zeit der Gewährung der Unterstützung zur Verfügung gestanden hätte; dann wäre eine Hilfsbedürftigkeit nur insoweit vorhanden gewesen, als die Rente zur Beschaffung des notwendigen Lebensunterhaltes nicht ausgereicht hätte, und der vorläufig fürsorgepflichtige Armenverband hätte nur insoweit Aufwendungen zu machen brauchen, als die Kosten dieses Lebensunterhaltes den Betrag der Rente überstiegen haben würden. Diesen Betrag aber hätte er entsprechend der ständigen Rechtsprechung des Bundesamtes für das Heimatwesen (s. auch Wohlers Entsch. Bd. 31 S. 34) auf denjenigen Teil seiner Aufwendungen verrechnen dürfen, dessen Erstattung er gemäß § 30 Abs. 3 U.W.G. von dem definitiv fürsorgepflichtigen Armenverband nicht fordern kann, d. h. auf die allgemeinen Verwaltungskosten und die Gebühren für die Hilfeleistung fest remunerierter Armenärzte. Aus dieser günstigen Rechtslage kann er dadurch, daß die Rentenfeststellung erst später erfolgt, nicht verdrängt werden; es ist ihm vielmehr die Rente in der Höhe zu überweisen, als es zur Deckung seiner vom endgültig fürsorgepflichtigen Armenverband nicht erstatteten Aufwendungen erforderlich ist. Bleibt dann noch etwas übrig, so ist dieser Rest dem endgültig fürsorgepflichtigen Armenverband zu überweisen. Ob dieser ein Orts- oder ein Landarmenverband ist, ist unerheblich. Anders liegt die Sache, wenn ein Landarmenverband selbst die Fürsorge übernommen hat und von dem Ortsarmenverband des U.W. den Ersatz eines Teiles der Kosten fordern kann, wie das z. B. in Preußen bei der Verpflegung von hilfsbedürftigen Geisteskranken, Idioten, Epileptischen, Taubstummen und Blinden in Anstalten der Fall ist. Dann wird zu unterscheiden sein, ob die von dem Ortsarmenverband zu zahlenden Beträge auf eine bestimmte Summe (z. B. 50 Pf. täglich) oder auf einen Bruchteil der entstehenden Gesamtkosten (z. B. ein Drittel) festgesetzt sind. In dem ersteren Fall wird der Rentenbezug auf den Ersatzbetrag ohne Einfluß bleiben müssen und lediglich dem Landarmenverband, als demjenigen Armenverband, dem die Fürsorge obliegt, zu gute kommen müssen; im letzteren dagegen vermindert sich durch die Rente diejenige Summe, welche die Grundlage für die Berechnung des Erstattungsbetrages bildet, es muß sich also auch der vom Ortsarmenverband zu zahlende Bruchteil vermindern, wobei es unerheblich ist, ob diese Verminderung dadurch erreicht wird, daß eine unmittelbare Überweisung eines Teiles der Rentenbeträge an den Ortsarmenverband stattfindet oder dadurch, daß der ganze Rentenbetrag dem Landarmenverband überwiesen wird und infolgedessen die zu teilende Summe kleiner wird.

Schließlich kann noch der Fall eintreten, daß zwei Glieder derselben Familie in verschiedenen Ortsarmenverbänden vorläufig unterstützt werden und beide Armenverbände die Rente des Familienhauptes in Anspruch nehmen; dann geht, soweit es sich um vorübergehende Unterstützung handelt, derjenige Armenverband vor, welcher zuerst angemeldet hat, während bei fortlaufender Unterstützung je nach Verhältnis der Aufwendungen beiden Armenverbänden ein Teil der Rente zu überweisen ist.

Mit der Entscheidung über den Ersatzanspruch braucht sich weder der Armenverband noch der Unterstützte zu beruhigen; beide Teile können vielmehr, wie sich aus dem weiter unten (sub VIII) zu erörternden Absatz 3 des § 50 ergiebt, ein Streitverfahren in die Wege leiten. An dieser Stelle ist jedoch noch darauf hinzuweisen, daß die Anfechtung der Entscheidung von der Einhaltung einer Frist nicht abhängig ist[1]; die Erhebung der Klage kann also sofort, aber auch erst nach Ablauf einer beliebig langen Zeit geschehen. Eine Verpflichtung, zunächst eine angemessene Zeit abzuwarten, ob Klage erhoben werden wird, und inzwischen die streitigen Beträge zurückzuhalten, läßt sich für die Versicherungsanstalten nicht konstruieren. Jedoch wird es unter Umständen, namentlich bei zweifelhafter Rechts- oder Sachlage, sich empfehlen, dem sich benachteiligt fühlenden Teile eine angemessene Frist zur Erhebung der Klage zu geben und bis zum Ablauf derselben mit der Auszahlung der streitigen Beträge zu warten. Denn dies wird, wenn auch nicht immer, so doch häufig im Interesse der Durchführung der gesetzlichen Bestimmung notwendig sein, z. B. in denjenigen Fällen vorübergehender Unterstützung, in welchen der Unterstützte alsbald nach der endgültigen, ihm ungünstigen Entscheidung stirbt und damit die Möglichkeit, sich aus später fällig werdenden Rentenbeträgen zu decken, für den Armenverband illusorisch wird, und in allen Fällen fortlaufender Unterstützung; die während der Dauer des Streitverfahrens gewährte Unterstützung würde ohne Zurückhaltung der während desselben fälligen Rentenbeträge ungedeckt bleiben. Die in der Begründung enthaltene Bemerkung, daß es bei Streitigkeiten über den Rentenübergang der bisher erforderlichen Hinterlegung der fälligen Rentenbeträge in Zukunft nicht mehr bedürfe, weil die Befriedigung auch aus den später fällig werdenden Renten erfolgen könne, ist daher durchaus nicht zutreffend; es wird vielmehr in denjenigen Fällen, in welchen die eine Partei mit der Zurückhaltung der Rente nicht einverstanden ist und ihre Auszahlung verlangt, schwerlich etwas anderes als die Hinterlegung übrig bleiben.

VII (§§ 38, 41 Abs. 3).

Für die gemäß § 49 Abs. 2 und auf Grund der im § 50 Abs. 1 vorgeschriebenen Anmeldung den Armenverbänden zu überweisenden Rentenbeträge werden im Zweifel auch alle diejenigen Bestimmungen gelten müssen, welche sich auf die Berechnung, Auszahlung u. s. w. der Rente überhaupt beziehen. Denn wenn auch eine gesetzliche Cession nicht vorliegt und die Forderung des Armenverbandes von derjenigen des Rentenberechtigten ihrer juristischen Konstruktion nach völlig verschieden ist, so bildet die letztere doch die Grundlage der ersteren insofern, als diese niemals ohne jene bestehen und niemals einen höheren Betrag als jene zum Gegenstand haben kann. Insbesondere kommen in dieser Beziehung außer den §§ 35—37, 39, 40, 41 Abs. 1 und 2, welche zu besonderen Erörterungen keinen Anlaß geben, in Betracht:

---

[1] Es findet also auch § 51 des Preuß. Landesverwaltungsgesetzes vom 30. Juli 1883 keine Anwendung.

§ 38.

Die Renten sind auf volle fünf Pfennige für den Monat nach oben abzurunden und in monatlichen Teilbeträgen im voraus zu zahlen. Für denjenigen Kalendermonat, in welchem die den Wegfall oder das Ruhen des Rentenanspruchs bewirkende Thatsache eintritt, ist der gezahlte Monatsbetrag der Rente zu belassen.

1. Auch wenn die volle Rente von ihrem Beginn an dem Armenverband zur Deckung von Ersatzansprüchen überwiesen wird, ist sie auf volle fünf Pfennige für den Monat nach oben abzurunden. Wird dagegen die halbe Rente überwiesen, so kann die Abrundung derselben nicht beansprucht werden, da das Gesetz die Abrundung nur „für den Monat" anordnet, und dasselbe gilt aus demselben Grunde für diejenigen Fälle, in welchen ein Rentenbetrag nur für einen Teil des Monats zu zahlen ist, weil das den Rentenbeginn bezeichnende Ereignis innerhalb des Monats liegt. Üblicherweise wird in solchen Fällen der nach der wirklichen Zahl der Tage des betreffenden Monats zu berechnende Teilbetrag auf volle Pfennige abgerundet und werden dabei Bruchteile von weniger als $1/2$ Pfennig unberücksichtigt gelassen.

2. In gleicher Weise gilt auch für die Armenverbände die weitere Bestimmung des § 38, nach welcher die Renten in monatlichen Teilbeträgen im voraus zu zahlen sind. Eine Zahlung der überwiesenen Rentenbeträge für einen längeren Zeitraum, etwa für ein Jahr im voraus, läßt sich daher auch im Fall einer voraussichtlich noch Jahre lang dauernden Anstaltspflege vom juristisch-theoretischen Standpunkt aus nicht rechtfertigen. Praktisch dürfte eine derartige Vorauszahlung in geeigneten Fällen jedoch einem Bedenken nicht unterliegen, sondern nur zur Verminderung der Arbeitslast für beide Teile beitragen; es sollen sich auch einige Versicherungsanstalten zu einem solchen Verfahren entschlossen haben. Ebenso unzulässig wie die Vorauszahlung für einen längeren Zeitraum ist andrerseits auch die z. B. von der Landesversicherungsanstalt Posen eingeführte Zahlung erst nach Ablauf jeden Monats (vgl. hierüber 3.), falls nicht der Armenverband sich damit einverstanden erklärt.

3. Nicht ganz unzweifelhaft ist es, ob auch die letzte Vorschrift des § 38, nach welcher für denjenigen Kalendermonat, in welchem die den Wegfall oder das Ruhen des Rentenanspruchs bewirkende Thatsache eintritt, der gezahlte Monatsbetrag der Rente zu belassen ist, im Verhältnis zu den Armenverbänden zur Anwendung zu bringen ist. In der Begründung wird darauf hingewiesen, daß nach der bisherigen Praxis beim Wegfall einer Rente innerhalb eines Monats der dem Rest des Monats entsprechende Teilbetrag der Rente wieder eingezogen werde. Ein solches Verfahren liege nicht im Sinne des Gesetzes, sei ferner mit Rücksicht darauf, daß die volle Monatsrate mit dem Beginn des Monats fällig, also von dem Rentenberechtigten erworben werde, nicht unbedenklich und erfordere zudem einen unverhältnismäßig großen Aufwand an Zeit und Arbeit bei den beteiligten Stellen. Noch viel bedenklicher sei aber der nicht unberechtigte Unwille, welcher bei den meist unbemittelten Erben eines verstorbenen Rentenempfängers entstehe, wenn sie den über den Todestag hinaus gezahlten Teilbetrag der Monatsrate wieder herauszahlen sollten; die Kosten eines

etwaigen Einziehungsverfahrens seien oft höher als die wieder einzuziehenden Rentenbeträge und würden, sofern der Einziehungsversuch wegen Mittellosigkeit des Schuldners fruchtlos bleibe, von der Versicherungsanstalt nutzlos aufgewendet. Es empfehle sich daher, dahin Vorsorge zu treffen, daß **bereits gezahlte Monatsbeträge in allen Fällen belassen werden müssen.**

Es kann nicht verkannt werden, daß diese Gründe zum großen Teile auf diejenigen Fälle, in welchen die Einziehung der Rente durch einen Armenverband erfolgt, nicht zutreffen; von dem Unwillen eines unbemittelten Erben oder einem möglicherweise fruchtlosen Einziehungsverfahren kann dabei nicht die Rede sein. Dagegen gelten die aus dem Erwerb der Rente mit dem Monatsbeginn entnommenen rechtlichen Bedenken und die Erwägung, daß die Wiedereinziehung mit einem verhältnismäßig großen Aufwand an Zeit und Geld verknüpft ist, auch im Verhältnis zu den Armenverbänden. Es liegt daher durchaus kein Grund dafür vor, die fragliche Bestimmung mit Bezug auf dieses Verhältnis als gegenstandslos oder gar sinnlos zu bezeichnen. Kommt nun andrerseits hinzu, daß das Gesetz selbst einen Unterschied nicht macht, sondern lediglich davon spricht, daß die Rente zu belassen ist, ohne hinzuzufügen, wem sie zu belassen ist, und daß, wie schon erwähnt, auch nach dem J.V.G. der Rentenanspruch des unterstützten Versicherten die Grundlage des Ersatzanspruches ist und daher der letztere, wie von den Schwächen, so auch von den Vorzügen dieser Grundlage beeinflußt werden muß (Gebhard und Düttmann a. a. O. S. 353 Anm. 5 Abs. 3), so wird angenommen werden müssen, daß die einmal gezahlte Rente auch dem Armenverband zu belassen ist.

Die Mehrzahl der Versicherungsanstalten sowie nahezu alle gefragten Armenverwaltungen teilen diese Annahme; die Versicherungsanstalten Berlin, Großherzogtum Hessen, Hessen-Nassau, Mittelfranken, Pommern, Rheinprovinz, Schlesien, Schleswig-Holstein, Thüringen und Westfalen sind dagegen anderer Ansicht. Die für Thüringen beläßt die Rente nur der Geringfügigkeit halber, die übrigen ziehen den ihrer Ansicht nach überhobenen Teil der Rente wieder ein und begründen dies Verfahren zum Teil mit dem ausdrücklichen Hinweis darauf, daß den Armenverbänden nur insoweit ein Anspruch auf Rentenbeträge zustehe, als Unterstützung geleistet wurde. Nach dieser Begründung würde die Rente aber jedenfalls dann immer zu belassen sein, wenn die in dem verflossenen Teil des Monats gewährte Unterstützung den Betrag der Rente erreicht, z. B. wenn während der ersten zehn Tage Krankenhauspflege mit einem Aufwand von 2 Mark täglich gewährt ist und der Unterstützte, dessen Rente 15 Mark beträgt, am elften Tage stirbt. Würde er dagegen schon am Ende des zweiten Tages sterben, so müßte der Armenverband nach dieser Ansicht den nach Deckung des Aufwands für die zwei Tage verbleibenden Rest, also 11 Mark, wieder herausgeben. Diese Ansicht erscheint jedoch nicht als richtig; denn, wenn es auch zutrifft, daß den Armenverbänden nur insoweit ein Anspruch auf Rentenbeträge zusteht, als Unterstützung geleistet ist, so folgt doch daraus noch keineswegs, daß etwa darüber hinaus an einen Armenverband gezahlte Beträge nicht aus Zweckmäßigkeitsgründen demselben belassen werden sollen, ebenso wie dies dem Rentenberechtigten gegenüber geschieht. Nach einer dritten Ansicht müßte der Armenverband in einem solchen Falle nicht nur 11, sondern — unter der Voraussetzung, daß es sich um einen Monat mit 30 Tagen handelt — 14 Mark zurückzahlen, da die Rente für die beiden ersten Tage nur 1 Mark betrug, also auch nur dieser Betrag als Ersatz überwiesen werden kann. Auch diese Begründung scheint verfehlt, weil allerdings der Anspruch des Unterstützten selbst auf die Rente mit seinem Tode erlosch, nach der ausdrücklichen Vorschrift des § 38 aber die bereits ausgezahlte Rente seinem Nachlaß bezw. seinen Erben zu belassen, also verfügbar ist. Die Landesversicherungsanstalt Rheinprovinz schließlich legt das Hauptgewicht darauf, daß nach § 49 die Überweisung der Rente nur für die Dauer der thatsächlich geleisteten Unterstützung verlangt werden könne, übersieht dabei aber einmal, daß dies für die Fälle vorübergehender Hilfsbedürftigkeit nicht zutreffend ist, und andrerseits, daß § 38 sehr wohl eine Ausnahme von dem Princip des § 49 machen konnte. Die Landesversicherungsanstalt Posen sucht, wie bereits unter 2. bemerkt, alle Schwierigkeiten dadurch zu vermeiden, daß sie in der Regel laufende Renten an Armenverbände nicht im voraus, sondern erst nachträglich am letzten jeden Monats zahlt. Erlebt der Rentenberechtigte das Ende des Monats nicht mehr, so werden dem Armenverband nur die bis zum Todestage aufgelaufenen Rentenbeträge überwiesen. Die monatlich nachträglich erfolgende Zahlung hält die genannte Versicherungsanstalt mit Rücksicht darauf für gerechtfertigt, daß ein Erstattungsanspruch nach § 79 Abs. 2 erst dann bestehe, wenn die Unterstützung für die betreffenden Zeiträume thatsächlich geleistet worden sei. Daß dies Argument irrig ist, bedarf jedoch kaum einer Begründung; denn einerseits ergiebt sich aus dem Wortlaut des § 49 Abs. 2 ohne weiteres das Gegenteil; nicht nur wenn Unterstützung geleistet worden ist, sondern auch wenn Unterstützung geleistet wird, ist die Rente dem Armenverband zur Einziehung zu überweisen, und zwar, wie Absatz 4 ergiebt, fortlaufend, also auch für die Zukunft und vor der Gewährung der einzelnen Gabe. Andrerseits gilt die Vorschrift der monatlichen Vorauszahlung, wie oben ausgeführt ist, auch gegenüber den Armenverbänden. Das von Posen geübte Verfahren steht daher mit dem Gesetz nicht im Einklang.

Als „gezahlt" gelten nur solche Monatsbeträge, die thatsächlich bereits an den Armenverband ausgezahlt sind, nicht aber auch zur Zahlung angewiesene und noch nicht abgehobene Beträge. Bezüglich dieser kann die Anweisung zurückgenommen oder abgeändert werden. Wohl aber kommt, da das Gesetz einen Unterschied nicht macht, § 38 auch dann zur Anwendung, wenn die Abhebung erfolgt, nachdem die Thatsache eingetreten ist, welche den Wegfall oder das Ruhen des Rentenanspruchs bewirkt, und zwar ohne Rücksicht darauf, ob der Armenverband bei der Abhebung von dem Eintritt der Thatsache Kenntnis hatte oder nicht.

§ 41 Abs. 3.

Für Zeiten, die beim Eingange des Antrages auf Bewilligung einer Rente länger als ein Jahr zurückliegen, wird die Rente nicht gewährt.

Schon daraus, daß das Gesetz zwischen denjenigen Personen, denen die Rente nicht gewährt wird, keinen Unterschied macht, sondern lediglich sagt: „wird die Rente nicht gewährt", folgt, daß sie unter den gegebenen Voraussetzungen auch den Armenverbänden, welche durch Überweisung seitens der Versicherungsanstalt an die Stelle des Versicherten getreten sind, nicht gewährt werden soll. Dasselbe ergeben die Motive, die auch dann, wenn Armenverbände in Betracht kommen, wenigstens zum Teil zutreffen, nämlich insofern, als die oft erheblichen Nachzahlungen wegen Gefährdung der Sicherheit der für die rechnerischen Arbeiten erforderlichen statistischen Angaben bedenklich sind; überdies ist es, mag der Versicherte selbst oder ein Armenverband die Anwartschaft auf den Rentenanspruch haben, in gleicher Weise sehr häufig schwierig, die Zeit des Eintritts der Invalidität nach Ablauf eines längeren Zeitraums mit einiger Sicherheit festzustellen. Der Ersatzanspruch der Armenverbände findet schließlich ja überhaupt seine Begründung nur darin, daß der Versicherte nicht doppelte Leistungen für denselben Zeitraum erhalten soll. Erhält er selbst aber auf Grund des § 41 Abs. 3 nichts, so kann von einer solchen doppelten Leistung nicht die Rede sein. Renten, die während des Jahres 1901 festgesetzt werden, können somit sämtlich erst von einem bestimmten Zeitpunkt des Jahres 1900 an datiert werden, wenn auch die Voraussetzungen für den Rentenanspruch bereits viele Jahre früher vorhanden waren und der Armenverband bereits während dieser Jahre Unterstützung gewährt hat. Zweifelhaft könnte man nur darüber sein, ob die Vorschrift des § 41 Abs. 3 rückwirkende Kraft hat, d. h. ob sie auch auf solche Rentenbeträge Anwendung findet, auf welche der Armenverband vor dem 1. Januar 1900 gemäß § 35 J. und A.V.G. einen Anspruch erworben hat. In Übereinstimmung mit den vom Reichsversicherungsamt verschiedentlich bezüglich anderer Bestimmungen des J.V.G. ausgesprochenen Grundsätzen wird man jedoch die Rückwirkung des § 41 Abs. 3 auch bezüglich der Ansprüche der Armenverbände bejahen müssen. Denn einerseits kann der bei Gesetzesänderungen auf dem Gebiet des bürgerlichen Rechts vorherrschende Gesichtspunkt, daß wohlerworbene Rechte nicht beeinträchtigt werden dürfen und daß eine Rückwirkung im allgemeinen nicht vermutet wird, auf dem Gebiet der dem öffentlichen Recht angehörenden Arbeiterversicherung eine maßgebende Bedeutung nicht beanspruchen, und andrerseits würden sich bei Verneinung der Rückwirkung des § 41 Abs. 3 ziemlich unannehmbare Resultate aus dessen Anwendung ergeben. Hat z. B. jemand, der seit dem 1. Januar 1898 dauernd unterstützt wird, bereits seit diesem Tage Anspruch auf Rente, geht der Antrag auf Bewilligung der Rente aber erst am 1. Juli 1901 ein, so würde der Armenverband die Rente für die Jahre 1898 und 1899, sowie die spätere Rente vom 1. Juli 1900 an erhalten, während für die Zeit vom 1. Januar bis zum 30. Juni 1900 eine Rente nicht zur Auszahlung gelangen würde, ein Verfahren, das zwar rechtlich an sich unanfechtbar, aber schwerlich der Absicht des Gesetzgebers entsprechend sein würde (vgl. auch Amtl. Nachr. 1900 S. 405 und 613)[1].

---

[1] Die früher in der Arbeiterversorgung 1900 Nr. 7 S. 130 ausgesprochene

VIII (§ 50 Abf. 3).

Welche Stellung auch die Versicherungsanstalt zu dem ihr übermittelten Antrag des Armenverbandes auf Überweisung von Rentenbeträgen einnehmen mag, immer wird die Möglichkeit vorhanden sein, daß einer der Beteiligten mit dieser Stellungnahme nicht einverstanden ist. Wird dem Antrag in vollem Umfang entsprochen, so kann der unterstützte Versicherte sich benachteiligt fühlen; wird dem Antrag zum Teil entsprochen, so können sowohl der Versicherte wie der Armenverband Grund zur Beschwerde haben, während bei gänzlicher Zurückweisung des Antrages nur für den letzteren eine Veranlassung zu einem weiteren Vorgehen vorliegen kann. Das J. und A.V.G. enthielt keine Bestimmung darüber, durch wen derartige Streitigkeiten entschieden werden sollten, und es waren daher die ordentlichen Gerichte für die Entscheidung zuständig. Bei der Revision des Gesetzes erschien es zweckmäßig, die Entscheidung den mit der Materie vertrauteren Verwaltungsgerichten und -behörden zu übergeben. § 50 Abf. 3 bestimmt daher:

„Streitigkeiten, welche zwischen den Beteiligten über den Anspruch auf Überweisung von Entschädigungsbeträgen entstehen, werden im Verwaltungsstreitverfahren oder, wo ein solches nicht besteht, durch die dem Ersatzberechtigten vorgesetzte Aufsichtsbehörde entschieden. Die Entscheidung der letzteren kann innerhalb eines Monats nach der Zustellung im Wege des Rekurses nach Maßgabe der §§ 20 und 21 der Gewerbeordnung angefochten werden."

Gegenstand der Streitigkeit können alle Thatsachen sein, die als Voraussetzungen für den geltend gemachten Ersatzanspruch nach Grund und Höhe in Betracht kommen; es kann insbesondere bestritten sein: die Hilfsbedürftigkeit, die Höhe der Unterstützung, der Zeitraum, für den sie gewährt ist, daß sie eine fortlaufende ist oder war, daß Gewährung des Unterhalts in einer Anstalt vorliegt und dergl. mehr. Nicht hierher gehört dagegen der Fall, daß der Ersatzanspruch abgelehnt wird, weil dem Unterstützten ein Rentenanspruch nicht zustand oder nicht zusteht; dann ist, soweit dies bisher noch nicht geschehen, die Festsetzung der Rente zu beantragen und gegen den ablehnenden Bescheid im Wege der Berufung gemäß § 114 J.V.G. vorzugehen.

Zuständig für die Entscheidung in Streitigkeiten über den Ersatzanspruch eines Armenverbandes sollen nun, wie schon erwähnt, nach § 50 Abf. 3 nicht die ordentlichen Gerichte sein, sondern die Entscheidung soll, soweit ein Verwaltungsstreitverfahren besteht, im Wege desselben erfolgen. Ein solches Verwaltungsstreitverfahren besteht in den meisten Bundesstaaten; in Preußen z. B. ist auf Grund der Königlichen Verordnung vom 28. August 1899 der Bezirksausschuß zuständig, gegen dessen Entscheidung die Revision beim Oberverwaltungsgericht gegeben ist; in Bayern und Württemberg entscheidet in erster Instanz die Kreisregierung, in zweiter der Verwaltungsgerichtshof,

---

Ansicht kann demnach nicht aufrecht erhalten werden; es bedarf daher auch einer Erörterung der Frage nicht mehr, ob der § 49 rückwirkende Kraft für die Ansprüche der Armenverbände hat; diese Frage entbehrt jetzt jeder praktischen Bedeutung.

in Elsaß-Lothringen der Bezirksrat bezw. der Kaiserliche Rat, im Großherzogtum Hessen der Provinzialausschuß bezw. der Verwaltungsgerichtshof. Das Verfahren vor diesen Verwaltungsgerichten ist in den einzelnen Bundesstaaten gesetzlich geregelt, in Preußen z. B. durch das Landesverwaltungsgesetz vom 30. Juli 1883 §§ 61—114.

Wo ein Verwaltungsstreitverfahren nicht besteht, soll die Entscheidung der dem Ersatzberechtigten, d. h. dem Armenverband vorgesetzten Aufsichtsbehörde obliegen. Welche Behörde danach im einzelnen Falle in Betracht kommt, bestimmt das Landesstaatsrecht. Eine Frist ist für die Erhebung der Klage, wie bereits früher erwähnt, nicht gesetzt. Gegen die Entscheidung derselben soll aber jedenfalls der Rekurs nach Maßgabe der §§ 20, 21 der Gewerbeordnung zulässig sein, welche lauten:

§ 20.

Gegen den Bescheid ist der Rekurs an die nächstvorgesetzte Behörde zulässig, welcher bei Verlust desselben binnen vierzehn Tagen, vom Tage der Eröffnung des Bescheides an gerechnet, gerechtfertigt werden muß.

Der Rekursbescheid ist den Parteien schriftlich zu eröffnen und muß mit Gründen versehen sein.

§ 21.

Die näheren Bestimmungen über die Behörden und das Verfahren, sowohl in der ersten als in der Rekursinstanz, bleiben den Landesgesetzen vorbehalten. Es sind jedoch folgende Grundsätze einzuhalten:

1. In erster oder in zweiter Instanz muß die Entscheidung durch eine kollegiale Behörde erfolgen. Diese Behörde ist befugt, Untersuchungen an Ort und Stelle zu veranlassen, Zeugen und Sachverständige zu laden und eidlich zu vernehmen, überhaupt den angetretenen Beweis in vollem Umfang zu erheben.

2. Bildet die kollegiale Behörde die erste Instanz, so erteilt sie ihre Entscheidung in öffentlicher Sitzung nach erfolgter Ladung und Anhörung der Parteien, auch in dem Falle, wenn zwar Einwendungen nicht angebracht sind, die Behörde aber nicht ohne weiteres die Genehmigung erteilen will und der Antragsteller innerhalb vierzehn Tagen nach Empfang des die Genehmigung versagenden oder nur unter Bedingungen erteilenden Bescheides der Behörde auf mündliche Verhandlung anträgt.

3. Bildet die kollegiale Behörde die zweite Instanz, so erteilt sie stets ihre Entscheidung in öffentlicher Sitzung, nach erfolgter Ladung und Anhörung der Parteien.

(Die Bestimmungen unter 4. und 5. kommen hier nicht in Betracht.)

Welche Behörde die „nächstvorgesetzte" und daher die zur Entscheidung über den Rekurs zuständige ist, und bei welcher Behörde der Rekurs anzumelden ist, entscheidet das Landesrecht, welches auch noch weitere Instanzen zulassen kann. Übersehen ist aber in dem Gesetz, daß die in § 50 Abs. 3 genannte Aufsichtsbehörde unter Umständen die höchste Staatsbehörde sein kann, so daß es eine nächstvorgesetzte Behörde im Sinne des § 20 der Gewerbeordnung nicht giebt. Das ist z. B. in Hamburg der Fall, wo die dem Armenverband vorgesetzte Aufsichtsbehörde der Senat ist. Bei dieser Sachlage versagt die Absicht des Gesetzgebers, den Beteiligten die Garantie zweier Instanzen zu geben, völlig.

Für die Einlegung des Rekurses selbst ist eine Frist nicht vorgeschrieben, jedoch ergiebt sich daraus, daß der Rekurs innerhalb vierzehn Tagen nach Eröffnung des Bescheides gerechtfertigt werden muß, ohne weiteres die Notwendigkeit, den Rekurs selbst innerhalb der gleichen Frist anzumelden. Bei Berechnung der vierzehntägigen Frist ist der Tag der Eröffnung des Bescheides nicht mitzurechnen (§§ 187, 188 B.G.B.). Die Rechtfertigung ist obligatorisch, so daß der Rekurs zurückzuweisen ist, falls sie nicht rechtzeitig eingeht. Bei Fristversäumnis erscheint die Wiedereinsetzung in den vorigen Stand unter Beobachtung der Vorschriften der C.P.O. zulässig (vgl. Amtl. Nachr. 1896 S. 359).

Als bei dem Streitverfahren Beteiligte kommen der Armenverband, die Versicherungsanstalt und der Rentenberechtigte in Betracht und zwar sind folgende Fälle denkbar:

1. Die Versicherungsanstalt lehnt die beantragte Überweisung ab, weil es ihrer Ansicht nach an einer der gesetzlichen Voraussetzungen für dieselbe fehlt, z. B. Hilfsbedürftigkeit nicht vorgelegen hat. Dann wird der Armenverband gegen die Versicherungsanstalt die Klage zu erheben haben und zwar ohne Rücksicht darauf, ob die Ablehnung nach Anhörung und infolge des Widerspruchs des Rentenberechtigten oder ohne Anhörung desselben erfolgt ist. Denn der Widerspruch an sich ist, wie oben ausgeführt, unerheblich und dem Armenverband steht nur die Versicherungsanstalt gegenüber. Nur sie ist ihm gegenüber zu einem bestimmten Handeln verpflichtet, nämlich zur Überweisung von Rentenbeträgen, während dem Rentenberechtigten keine gesetzliche Verpflichtung obliegt, in diese Überweisung einzuwilligen. Es muß daher auch in denjenigen Fällen, in welchen der Antrag abgelehnt wird, weil der Rentenberechtigte den Empfang der Unterstützung, die Zeit derselben u. s. w. bestreitet, seitens des Armenverbandes gegen die Versicherungsanstalt geklagt werden; nur mit dieser hat er zu thun und ihr gegenüber in dem Streitverfahren durch Beibringung der erforderlichen Beweismittel die Hingabe der Unterstützung u. s. w. zu beweisen. Der Rentenberechtigte wird nur als Nebenintervenient an dem Rechtsstreit teilnehmen können.

Der Klageantrag des Armenverbandes wird sich je nach Sachlage verschieden zu gestalten haben. Im allgemeinen geht der Anspruch des Armenverbandes nur auf Überweisung von Rentenbeträgen, sodaß er im allgemeinen auch nichts Anderes als die Verurteilung der Versicherungsanstalt zur Überweisung von Rentenbeträgen wird beantragen können; zu beantragen, daß das erkennende Gericht selbst die Überweisung ausspreche — wie dies der Bezirksausschuß zu Merseburg in einem Erkenntnis vom 29. Juni 1900 gethan —, dürfte kaum zulässig sein. Die Verurteilung zur Überweisung wird jedoch in vielen Fällen dem Interesse des Armenverbandes nicht zur Genüge entsprechen. Handelt es sich z. B. um eine fortlaufende Unterstützung und hat die Versicherungsanstalt nicht sofort bei der Anmeldung des Ersatzanspruches die weitere Rentenzahlung eingestellt, sondern die Rente bis zur rechtskräftigen Entscheidung an den Unterstützten weiter gezahlt, so kann der Armenverband durch die Überweisung der weiter fällig werdenden Rentenbeträge nicht mehr zur Deckung der inzwischen gewährten Unterstützung kommen. Ebenso liegt es bei vorübergehenden Unterstützungen; wenn z. B.

der Rentenberechtigte während des Streitverfahrens stirbt und die vor seinem Tode fälligen Beträge nicht einstweilen zurückgehalten sind. Soweit es sich um den Ersatz derartiger Forderungen des Armenverbandes handelt, die bei ordnungsmäßigem Verfahren aus den bereits an den Unterstützten gezahlten Rentenbeträgen hätten gedeckt werden müssen, wird die Verurteilung zur Zahlung zu beantragen sein; die Versicherungsanstalt muß dann eben zum zweiten Mal zahlen und kann eventuell versuchen, sich durch Aufrechnung gemäß § 55 Abs. 2 schadlos zu halten.

2. Die Versicherungsanstalt giebt dem Antrag auf Überweisung in vollem Umfang statt, der Rentenberechtigte ist jedoch mit dieser Überweisung nicht einverstanden. Dann hat der Rentenberechtigte gegen die Versicherungsanstalt Klage zu erheben mit dem Antrage, die Versicherungsanstalt unter Aufhebung der Überweisungsverfügung zu verurteilen, die Rente nicht mehr an den Armenverband, sondern an den Rentenberechtigten zu zahlen, bezw. die schon an den Armenverband gezahlten Rentenbeträge nochmals und zwar an den Rentenberechtigten zu zahlen. Daß die Klage gegen die Versicherungsanstalt zu richten ist, kann kaum zweifelhaft sein; nur gegen diese hat der Rentenberechtigte einen Anspruch, nämlich den Anspruch auf Zahlung einer Rente. Ein Anspruch gegen den Armenverband, dem seitens der Versicherungsanstalt Rentenbeträge überwiesen sind, besteht dagegen nicht; dieser kann daher im Prozeß auch nicht Partei sein. Wohl aber wird er sich als Nebenintervenient an demselben beteiligen können, da er ein rechtliches Interesse daran hat, daß die Versicherungsanstalt obsiegt; unterliegt sie, so ist die geschehene Überweisung hinfällig und er muß die etwa eingezogenen Beträge zurückzahlen. Die Beweislast wird, soweit in diesem Verwaltungsverfahren von einer solchen überhaupt die Rede sei kann, der Versicherungsanstalt obliegen, da sie das Vorhandensein einer Ausnahme von der Regel, nämlich von der Verpflichtung, an den Rentenberechtigten zu zahlen, behauptet.

3. Wird dem Antrage nur zum Teil stattgegeben, so können Armenverband und Rentenberechtigter, jeder, soweit er sich benachteiligt fühlt, gegen die Versicherungsanstalt klagen.

In der Praxis hat sich ergeben, daß die Bestimmung des § 50 Abs. 3 nicht von erheblicher Bedeutung ist. Die meisten Meinungsdifferenzen werden im Wege gütlicher Verständigung ausgeglichen und in den Bezirken der bei weitem meisten Versicherungsanstalten und Armenverbände sind keine, im übrigen nur ganz vereinzelte Streitigkeiten vorgekommen. Hervorzuheben ist dabei nur, daß der Bezirksausschuß zu Danzig in einem der zu 2. besprochenen Fälle die Klage des Rentenberechtigten gegen den Armenverband auf Zahlung angeblich überhobener Invalidenrente nicht für unzulässig erachtet, sondern nur aus materiellen Gründen abgewiesen hat; irgendwelche Gründe für die formelle Zulässigkeit sind jedoch nicht angeführt. Der Bezirksausschuß zu Berlin hat dagegen — in den zu 1. besprochenen Fällen — wiederholt Klagen des Ortsarmenverbandes gegen die Versicherungsanstalt zugelassen, wie dies auch seitens der königlich württembergischen Regierung für den Neckarkreis und des Bezirksausschusses zu Merseburg geschehen ist.

IX (§ 55 Abf. 1 Ziff. 3).

Die letzte Bestimmung des J.V.G., welche sich unmittelbar auf die Armenverbände bezieht, ist die des § 55 Abf. 1 Ziff. 3. Dieselbe lautet:

> „Die Übertragung der aus den reichsgesetzlichen Bestimmungen sich ergebenden Ansprüche auf Dritte sowie deren Verpfändung und Pfändung hat nur insoweit rechtliche Wirkung, als sie erfolgt:
> 3. zur Deckung von Forderungen der nach — § 49 ersatzberechtigten — — Armenverbände — — —."

Das J.V.G. befolgt, wie die übrigen Arbeiterversicherungsgesetze, den Grundsatz, daß die Leistungen, welche auf Grund des Gesetzes gewährt werden, im allgemeinen nur demjenigen zu Gute kommen sollen, für den sie nach dem Gesetz bestimmt sind, damit nicht die Wohlthaten dieses Gesetzes mehr oder weniger illusorisch gemacht werden können. Daher ist eine Übertragung, Pfändung und Verpfändung in der Regel ausgeschlossen, jedoch erschien es geboten, einige Ausnahmen von derselben zu machen, und darunter eine zu Gunsten der Armenverbände. Im einzelnen ist in dieser Beziehung Folgendes zu beachten:

1. Gegenstand der Übertragung u. s. w. können sein alle „aus den reichsgesetzlichen Bestimmungen sich ergebenden Ansprüche", d. h. alle Ansprüche, welche in dem J.V.G. ihre Begründung finden; es sind das die Ansprüche auf Invaliden- und Altersrente, auf die gemäß § 26 zu zahlende Abfindungssumme, auf Erstattung von Beiträgen (§§ 42—44 J.V.G.), auf Angehörigenunterstütznng (§ 18 Abf. 2, § 47 Abf. 2) und eventuell auf Sonderleistungen gemäß § 45; doch werden die letzteren in der Regel nicht Pflichtleistungen, sondern in das Ermessen der Anstalt gestellt sein, so daß ein Anspruch auf sie nicht besteht. In allen Fällen handelt es sich aber — wie hervorzuheben ist — nur um die Ansprüche, die geschützt werden sollen, nicht um die Summe, deren Leistung Gegenstand des Anspruchs ist. Bereits an den Rentenempfänger ausgezahlte Beträge unterliegen dem Zugriff des Armenverbandes ohne Rücksicht darauf, woher sie stammen.

2. Durch Übertragung u. s. w. können derartige Ansprüche nur in den Besitz solcher Armenverbände kommen, die „nach § 49 ersatzberechtigt" sind. Steht dem Armenverband nicht ein Ersatzanspruch auf Grund des § 49, nicht ein Anspruch auf Überweisung von Rentenbeträgen gegen die Versicherungsanstalt zu, etwa weil die Unterstützung für einen Zeitraum gewährt ist, für welchen ein Anspruch auf Rente nicht bestand, so kann er wegen eines ihm etwa nach dem Landesrecht zustehenden Erstattungsanspruches gegen den Unterstützten von dem Privileg des § 55 Abf. 1 Ziff. 3 keinen Gebrauch machen.

3. Jeder Armenverband, dem auf Grund des § 49 ein Anspruch auf Überweisung von Rentenbeträgen zusteht, kann zur „Deckung seiner Forderungen" durch Übertragung u. s. w. in den Besitz der aus den reichsgesetzlichen Bestimmungen sich ergebenden Ansprüche gelangen. Wenn in dem Gesetze von Forderungen die Rede ist, so sind damit offenbar Forderungen gegen die unterstützten Rentenberechtigten gemeint, nicht Forderungen auf Überweisung von Rentenbeträgen gegen die Versicherungsanstalt; denn, da

es sich u. a. um Forderungspfändungen handelt, kann die Sachlage nur so gedacht werden, daß der Armenverband Gläubiger, der Unterstützte Schuldner und die Versicherungsanstalt Drittschuldnerin ist. Zu einem anderen Zweck, als zur Deckung einer Forderung, also etwa schenkungshalber, ist die Übertragung u. s. w. nicht zulässig; Voraussetzung für die Anwendbarkeit des § 55 Abs. 1 Ziff. 3 ist daher immer, daß dem Armenverband eine Forderung gegen den Inhaber des aus den reichsgesetzlichen Bestimmungen sich ergebenden Anspruchs zusteht, und zwar wird es sich dabei nur um solche Forderungen handeln können, welche dem Armenverband als solchem, also auf Grund gewährter Unterstützung zustehen, nicht etwa auch um Forderungen, die aus privaten Rechtsgeschäften stammen. Daß die Forderung im Prozeßwege oder gar rechtskräftig festgestellt ist, ist keineswegs erforderlich.

4. Zweifelhaft erscheint es dagegen, zur Deckung welcher Forderungen des Armenverbandes die Übertragung u. s. w. zulässig ist. Die Fassung des Gesetzes läßt, wie nicht verkannt werden kann, die Annahme zu, daß die Übertragung wegen jeder Forderung, welche der Armenverband gegen den unterstützten Rentenberechtigten hat, zulässig sein soll, wenn der Armenverband nur ein nach § 49 ersatzberechtiger ist. Danach würde z. B. ein Armenverband, der eine Person viele Jahre hindurch unterstützt und dadurch nach dem einschlägigen Landesrecht eine Erstattungsforderung in erheblicher Höhe erworben hat, die er nur wegen des Mangels von Exekutionsobjekten nicht hat beitreiben können, sich für die gesamten Auslagen schadlos halten können, wenn noch während des Laufes der Unterstützung, sei es auch nur für den letzten Monat, eine Rente bewilligt und der Armenverband dadurch gemäß § 49 ersatzberechtigt wird. Daß eine derartige Auslegung des Gesetzes mit der Absicht des Gesetzgebers nicht im Einklang stehen würde, erscheint jedoch kaum zweifelhaft; es ist vielmehr anzunehmen, daß der § 55 Abs. 1 Ziff. 3 nur wegen solcher Forderungen zur Anwendung kommen soll, die auf einer Unterstützung beruhen, deren Gewährung die Anwendbarkeit des § 49 zur Folge hat. Hat ein Armenverband z. B. im Januar und Februar Unterstützung gewährt, so kann er zur Deckung der Januar-Unterstützung nur dann pfänden, wenn dem Unterstützten für Januar ein Rentenanspruch zusteht, und nicht etwa auch dann, wenn dieses erst für Februar der Fall war. Er ist zwar auch in dem letzteren Fall ein nach § 49 ersatzberechtiger Armenverband, aber diese Ersatzberechtigung bezieht sich nicht auf die Januarrente. Gerade das aber erscheint für die Anwendung des § 55 Abs. 1 Ziff. 3 notwendig und derselbe kann nicht schon immer dann Platz greifen, wenn wegen irgend einer beliebigen, vielleicht ganz geringfügigen und in einem völlig getrennten Zeitraum gewährten Unterstützung ein Ersatzanspruch gemäß § 49 entsteht.

5. Zweifelhaft und bestritten ist es ferner, ob die Übertragung u. s. w. sich ihrer Höhe nach auf diejenigen Beträge beschränken muß, deren Überweisung im Wege der §§ 49, 50 verlangt werden könnte, ob also in denjenigen Fällen, in welchen die Überweisung nur der halben Rente beansprucht werden könnte, auch nur die halbe Rente übertragen werden kann. Kann z. B. ein Armenverband, wenn er im Januar eine Person, welche eine Rente von 12 Mark monatlich bezieht, mit 30 Mark unterstützt hat, sich

nur die halbe Rente vom Februar bis April mit zusammen 18 Mark oder kann er sich die Februar= und die Märzrente ganz und die halbe Aprilrente übertragen lassen und so die vollen verauslagten 30 Mark zurückerlangen? Die Entscheidung wird zu Gunsten der zweiten Alternative ausfallen müssen. Denn nur bei dieser Auslegung hat die Bestimmung des § 55 Abf. 1 Ziff. 3 überhaupt einen Sinn, weil es für die Einziehung des Betrages von 18 Mark einer Übertragung u. s. w. nicht bedürfen würde, dieselbe vielmehr schon auf Grund des § 49 erfolgen könnte. Nur als eine Erweiterung der Rechte der Armenverbände kann § 55 Abf. 1 Ziff. 3 seinem Zwecke nach verstanden werden. Diese Ansicht wird u. a. von der Armendirektion Berlin geteilt (vgl. § 64 der bereits erwähnten Grundsätze) und hat auch im übrigen zahlreiche Anhänger, wie die eingezogenen Auskünfte ergeben. So berichtet die Landesversicherungsanstalt Berlin von folgendem Fall:

Die Armendirektion hatte einen geisteskranken Rentenempfänger in der Irrenanstalt verpflegt und während der Dauer des Aufenthalts in der Anstalt die volle laufende Rente erhalten. Als der Rentenberechtigte aus der Anstalt entlassen wurde, beanspruchte die Armendirektion von dem Pfleger zur Deckung der weiter entstandenen Kosten die Abführung der Rente. Der Pfleger beantragte hierauf die Überweisung der Rente an die Armendirektion, welchem Antrage die letztere beitrat[1].

Ferner berichtet die Landesversicherungsanstalt Pommern von einem Fall, in welchem der Rentenberechtigte gegen ein Pflegegeld von 15 Mark monatlich für Rechnung der Armenkasse bei einer Witwe untergebracht war, wo er volle Beköstigung, Kleidung u. s. w. erhielt. Gemäß § 49 Abf. 4 hätte der Armenverband nur die Überweisung der halben Rente beanspruchen können und es daher aus finanziellen Gründen vorgezogen, geschlossene Pflege eintreten zu lassen; die Übertragung der vollen Rente gemäß § 55 Abf. 1 Ziff. 3 ermöglichte aber die Beibehaltung der offenen Pflege.

Die Landesversicherungsanstalt Rheinprovinz schließlich teilt folgenden Fall mit: Einem Versicherten wurde am 1. Oktober eine Rente rückwärts vom 1. Januar ab angewiesen; derselbe war seit dem 1. Juli vom Armen= verband im Hospital verpflegt worden und der für diese Zeit aufgewendete Betrag war höher als der für diese Zeit rückständige Rente. Zur Deckung des höheren Ersatzanspruchs wurde auch die für Januar bis Juni rück= ständige Rente herangezogen.

6. Für die Übertragung kommen im einzelnen Fall die Vorschriften der §§ 398 ff. B.G.B., für die Verpfändung diejenigen der §§ 1280 ff. B.G.B. und für die Pfändung außerdem die Vorschriften der §§ 828 ff. C.P.O. in Betracht. Ist die Übertragung oder Verpfändung vorgenommen, ohne daß die gesetzlichen Voraussetzungen dafür vorlagen, liegt also Nichtig= keit des Rechtsgeschäfts vor, so wird die Versicherungsanstalt trotzdem von

---

[1] Die Landesversicherungsanstalt berichtet über diesen Fall in Beantwortung der Frage, ob von der Übertragungsbefugnis des § 55 Abf. 3 zu Gunsten von Armenverbänden Gebrauch gemacht sei. Offenbar irrtümlich. Es handelt sich um Übertragung auf einen gemäß § 49 ersatzberechtigten Armenverband; auch würde es für die Anwendbarkeit des § 55 Abf. 3 an dem notwendigen Interesse des Renten= berechtigten gefehlt haben.

ihren Verpflichtungen gegen den Rentenberechtigten befreit, wenn sie ohne Kenntnis der Nichtigkeit die Auszahlung der fraglichen Beträge an den Armenverband veranlaßt, und die mangelnde Kenntnis nicht auf einem Verschulden ihrerseits beruht; denn zweifellos darf sie sich mit der Übertragungs- oder Verpfändungserklärung allein nicht zufrieden geben, sondern sie muß prüfen, ob dieselbe nach Sachlage zulässig ist. Erfolgt die Prüfung gar nicht oder nicht in ausreichender Weise, so muß die Anstalt selbst die Folgen eines etwa unzulässigen Verfahrens tragen, würde sich dann jedoch an dem Armenverband schadlos halten können.

7. Einer besonderen Erörterung bedarf schließlich noch die Frage, ob und in welchem Umfange § 55 Abs. 1 Ziff. 3 auf die Übertragung u. s. w. der übrigen Ansprüche aus dem J.V.G. insbesondere der Ansprüche auf Beitragserstattung Anwendung findet. Die meisten wollen die Anwendbarkeit schlechthin verneinen, weil die Ersatzberechtigung nach § 49 sich nur auf die Renten beziehe; jedoch mit Unrecht. Voraussetzung für die Anwendbarkeit des § 55 Abs. 1 Ziff. 3 ist, wie wir sahen, lediglich

a) daß der Armenverband nach § 49 ersatzberechtigt ist, d. h. Unterstützung für einen Zeitraum gewährt hat oder gewährt, für welchen dem Unterstützten ein Anspruch auf Rente zustand oder zusteht,

b) daß dem Armenverband ein Anspruch auf Erstattung dieser Unterstützung gegen den Unterstützten zusteht,

c) daß der Unterstützte einen Anspruch aus dem J.V.G. gegen die Versicherungsanstalt hat.

Diese Voraussetzungen können aber unter Umständen auch dann vorliegen, wenn es sich um Ansprüche auf Erstattung von Beiträgen handelt.

Was zunächst § 42 („Weiblichen Personen, welche eine Ehe eingehen, bevor ihnen die eine Rente bewilligende Entscheidung zugestellt ist, steht ein Anspruch auf Erstattung der Hälfte der für sie geleisteten Beiträge zu, wenn — — —") anbetrifft, so ist es, wenn auch ein solcher Fall in der Praxis kaum vorkommen dürfte, doch sehr wohl denkbar, daß die betreffende Person vor Eingehung der Ehe bereits einen Anspruch auf Rente erworben hat und während der Zeit, für welche sie den Anspruch hatte, vom Armenverband unterstützt worden ist; verlangt sie dann gelegentlich der Verheiratung — trotz des wohl pflichtgemäßen Hinweises auf ihren Rentenanspruch durch die untere Verwaltungsbehörde — statt der Rente die Erstattung der Hälfte der Beiträge, so werden dieselben unbedenklich auf dem Wege des § 55 Abs. 1 Ziff. 3 von dem Armenverband eingezogen werden können.

§ 43 ferner bestimmt, daß versicherten Personen, welche durch einen Unfall dauernd erwerbsunfähig im Sinne des J.V.G. werden und denen nach § 15 Abs. 2 Satz 2 für die Zeit des Bezugs der Unfallrente ein Anspruch auf Invalidenrente nicht zusteht, auf ihren Antrag die Hälfte der für sie entrichteten Beiträge zu erstatten ist. Auch bezüglich dieser Beitragserstattung kann § 55 Abs. 1 Ziff. 3 zur Anwendung kommen, wie folgendes Beispiel zeigt. A. erleidet am 1. Januar einen Unfall, wird dauernd erwerbsunfähig und muß vom 1. April an laufend unterstützt werden. Da die Ursache der Erwerbsunfähigkeit nicht genügend erwiesen ist, jedenfalls die Berufsgenossenschaft ein Einschreiten verweigert, setzt die Versicherungsanstalt gemäß § 113 Abs. 1 eine Rente vom 1. Juli ab fest, die jedoch zur Beseitigung der Hilfsbedürftigkeit nicht genügt, so daß die Unterstützung fortgewährt werden muß. Der Armenverband ist also nach § 49 ersatzberechtigt. Schreitet nun später die Berufsgenossenschaft ein und ersetzt sie gemäß § 113 der Versicherungsanstalt die gezahlten Rentenbeträge in vollem Umfang, und verlangt dann der Versicherte die Hälfte der Beiträge auf Grund des § 43 zurück, so kann der Armenverband sich den Anspruch auf diese Beitragserstattung übertragen lassen, selbstverständlich immer vorausgesetzt, daß er überhaupt eine Ersatzforderung gegen den Versicherten hat.

Was schließlich den § 44 anbetrifft, der die Ansprüche der hinterbliebenen Angehörigen auf Erstattung der für einen Verstorbenen entrichteten Beiträge behandelt, so wird man zu demselben Resultat kommen müssen. Ist z. B. die hinterbliebene Witwe für einen Zeitraum, für welchen ihr ein Anspruch auf Rente zustand, von dem Armenverband unterstützt worden, so können zur Deckung der Forderung auf Erstattung dieser Unterstützung nicht nur die ihr zukommenden Rentenbeträge gemäß § 49 Abs. 2, sondern auch die an sie zu erstattenden Beiträge gemäß § 55 Abs. 1 Ziff. 3 in Anspruch genommen werden. Dagegen würde z. B. eine Pfändung des Anspruchs der Witwe auf Beitragserstattung zur Deckung der dem verstorbenen Mann gewährten Unterstützung nicht zulässig sein; die Person, gegen welche sich die zu deckende Forderung richtet, muß identisch sein mit derjenigen, welcher der aus dem J.V.G. sich ergebende Anspruch zusteht.

Ebenso kann, wie ohne weiteres ersichtlich ist, bezüglich der übrigen Ansprüche aus dem J.V.G. § 55 Abs. 1 Ziff. 3 unter Umständen sehr wohl anwendbar sein.

Die praktische Bedeutung des § 55 Abs. 1 Ziff. 3 ist nicht allzu erheblich; insbesondere läßt sich ein Anlaß zu einer Verpfändung kaum denken, und es wird wohl zweifellos noch niemals eine solche vorgekommen sein. Die wichtigsten Fälle der Anwendung dieser Bestimmung sind jedenfalls diejenigen, in welchen es sich darum handelt, Rentenbeträge in Anspruch zu nehmen, deren Überweisung auf Grund des § 49 nicht gefordert werden kann, und so die dieser Gesetzesvorschrift anhaftenden Mängel (vgl. oben S. 17 f., 22 f.) nach Möglichkeit auszugleichen. Denn, soweit § 49 zur Anwendung kommen kann, wird der dort gegebene Weg der Befriedigung vorzuziehen sein, weil es dabei einer Einverständniserklärung des Unterstützten bezw. einer Pfändung nicht bedarf, der Weg des § 49 also der einfachere ist. Es kommen somit für die Anwendung des § 55 Abs. 1 Ziff. 3 in erster Linie diejenigen Fälle der fortlaufenden Unterstützung in offener Pflege in Betracht, in welcher es dem Armenverband aus besonderen Gründen zweckmäßig erscheint, die ganze Rente einzuziehen (vgl. oben S. 23). Jedoch wird in diesen Fällen eine Inanspruchnahme auch derjenigen Rentenhälfte, welche a. Gr. des § 49 dem Armenverband nicht überwiesen werden kann, sondern dem unterstützten Versicherten zu belassen ist, nur insoweit möglich sein, als derselbe mit der Inanspruchnahme einverstanden ist und die Übertragungserklärung abgibt; eine Pfändung dieser Rentenhälfte ist nicht durchführbar, weil der Armenverband einen vollstreckbaren Titel nur wegen der bereits gewährten, nicht aber wegen der künftig zu gewährenden Unterstützung erlangen kann und daher allmonatlich von neuem klagen und pfänden müßte, was praktisch nicht angängig sein würde. Kann somit die Einziehung der zweiten Rentenhälfte in der That nur im Wege der Übertragung, also mit dem Willen des Versicherten erfolgen, so fällt damit im wesentlichen auch der eventuell gegen die hier vertretene Auslegung des § 55 zu erhebende Einwand, daß bei derselben die Bestimmung des § 49 Abs. 4 illusorisch gemacht würde; gegen den Willen des Versicherten wird die Einziehung der vollen Rente nicht erfolgen können.

Sodann bietet der § 55 ein erwünschtes Mittel, um bei vorübergehender und bei fortlaufender Unterstützung in offener Pflege die rückständigen Rentenbeträge zur Deckung der Ersatzforderung des Armenverbandes heranzuziehen, was im Wege sowohl der Übertragung wie der Pfändung geschehen kann, und so den in dieser Beziehung bestehenden Mängeln des Gesetzes zu begegnen. Durchweg wird aber in diesen Fällen, wie auch dann, wenn es sich um die Deckung aus anderen Ansprüchen, insbesondere aus dem Anspruch der Hinterbliebenen auf Beitragserstattung handelt, von dem § 55 Abs. 1 nur Gebrauch zu machen sein, wenn dem keine Bedenken formeller, armenpflegerischer und socialpolitischer Natur entgegenstehen. In formeller Beziehung kommt in Betracht, daß, wenn es an dem Einverständnis des Unterstützten fehlt, zunächst ein vollstreckbarer Titel gegen ihn beschafft werden muß; das ist namentlich, soweit es dazu eines Angehens der ordentlichen Gerichte bedarf, regelmäßig mit einem solchen Aufwand an Arbeit, Kosten und Zeit verknüpft, daß häufig, besonders bei kleineren Objekten, schon deswegen von einem zwangsweisen Vorgehen abgesehen werden wird. Aus armenpflegerischen Gründen andrerseits wird eine Übertragung oder Pfändung stets zu unterbleiben haben, wenn der übertragene oder gepfändete Betrag im Wege der Unterstützung wieder ausgegeben werden müßte oder doch die Gefahr besteht, daß die betreffende Person bei Einziehung des Betrages der Armenpflege alsbald zur Last fallen würde, während sie derselben sonst voraussichtlich fern bleiben würde. Aber auch hierüber hinaus wird man mit Rücksicht auf die socialen Aufgaben der Arbeiterversicherung in allen Fällen von einem weiteren Vorgehen abzusehen haben, in welchen dasselbe mit einer irgend erheblichen wirtschaftlichen Schädigung des Anspruchsberechtigten verknüpft sein würde, ohne gerade den Anheimfall an die Armenpflege zu bewirken; so werden besonders die der hinterbliebenen Witwe zu erstattenden Beiträge nur dann in Anspruch zu nehmen sein, wenn sie in durchaus auskömmlichen Verhältnissen lebt und keine Schulden hat, oder wenn etwa mit Sicherheit vorauszusehen ist, daß der zu erwartende Betrag in einer durchaus unwirtschaftlichen Weise verwendet, insbesondere in Branntwein umgesetzt werden wird.

X (§ 55 Abs. 3).

Außer der unter VI besprochenen Bestimmung des Abs. 1 Ziff. 3 enthält der § 55 in seinem letzten Absatz noch eine Vorschrift, welche, weil sie sachlich sich eng an die oben erwähnte anschließt, an dieser Stelle besprochen werden soll, obwohl sie sich nicht speciell auf die Armenverbände bezieht. Dieselbe lautet:

„Ausnahmsweise darf der Berechtigte den Anspruch auf die Rente ganz oder zum Teil auf andere übertragen, sofern dies von der unteren Verwaltungsbehörde genehmigt wird."

Der Gesetzgeber ist davon ausgegangen, daß unter besonderen Umständen für den Versicherten die Übertragung seines Rentenanspruches auch an andere als bie im Abs. 1 des § 55 aufgeführten Personen wünschenswert sein könne. Dies sei beispielsweise bann der Fall, wenn der Rentenempfänger durch Übertragung seines Rentenanspruchs sich die Aufnahme in ein Siechenhaus, eine Versorgungsanstalt und dergl. ermöglichen könne. Die vorgesehene Genehmigung der unteren Verwaltungsbehörde biete ausreichende Sicherheit dafür, daß eine Übertragung des Rentenanspruchs auf andere nur dann stattfinde, wenn dies im wohlverstandenen Interesse des Rentenempfängers veranlaßt werde (Motive II S. 715).

Zu den „anderen", auf welche die Übertragung geschehen kann, gehören, da das Gesetz das Gegenteil nicht ausspricht, auch die Armenverbände, soweit sie in den vorhergehenden Bestimmungen des § 55 nicht erwähnt sind, d. h. die nicht nach § 49 ersatzberechtigten Armenverbände, während den nach § 49 ersatzberechtigten Armenverbänden die Befugnis, sich Ansprüche übertragen zu lassen, auf Grund des § 55 Abs. 1 Ziff. 3 zusteht. Wie allen anderen Rechtssubjekten darf jedoch auch den Armenverbänden der Anspruch auf die Rente nur „ausnahmsweise" und entsprechend der Absicht des Gesetzgebers nur im Interesse des Versicherten übertragen werden. Ob ein solches Interesse vorliegt, kann nur auf Grund der Sachlage im einzelnen Fall entschieden werden; lediglich beispielsweise ist in den Motiven der Fall erwähnt, daß der Rentenempfänger sich durch die Übertragung die Aufnahme in ein Siechenhaus, eine Versorgungsanstalt u. dergl. ermöglichen kann, und die Genehmigung darf keinesfalls auf solche Fälle beschränkt werden. Auch wird bei der Entscheidung über die Genehmigung immer zu beachten sein, daß es nicht darauf ankommt, ob das Interesse, welches der Rentenberechtigte an der Übertragung hat, ein erhebliches und wichtiges ist; es genügt, daß er überhaupt ein Interesse an derselben hat, daß der Zustand, der durch die Übertragung geschaffen werden soll oder durch sie bedingt ist, ein für ihn irgendwie vorteilhafterer ist, als der Zustand bei unterbliebener Übertragung. Übrigens wird nach den eingezogenen Auskünften von der Möglichkeit der Übertragung auf einen Armenverband nur in seltenen Fällen Gebrauch gemacht.

Was das Verfahren anbetrifft, so wird der Armenverband sich zunächst der Einwilligung des Unterstützten zu versichern und sodann unter Vorlegung dieser Einwilligung und Mitteilung derjenigen Thatsachen, aus welchen das Interesse des Unterstützten folgt, die Genehmigung bei der unteren Verwaltungsbehörde zu beantragen haben. Lehnt die untere Vorwaltungsbehörde den Antrag ab, so steht dem Armenverbande lediglich das Recht der Beschwerde bei derjenigen Stelle zu, welche nach dem Landesrecht als Beschwerdeinstanz für jene Behörde in Betracht kommt. Genehmigt die untere Verwaltungsbehörde den Antrag, so hat der Armenverband unter Vorlage dieser Genehmigung bei der Versicherungsanstalt die Überweisung der Rente zu beantragen; die Versicherungsanstalt hat die materiellen Voraussetzungen der Übertragung nicht nachzuprüfen, sondern bei vorliegender Genehmigung und ausreichender Übertragungserklärung die Überweisung zu vollziehen.

Der unteren Verwaltungsbehörde steht es frei, die Genehmigung nur auf Zeit oder auf Widerruf zu erteilen, wenn es ihr zweifelhaft erscheint, ob die Übertragung dauernd im Interesse des Versicherten liegt. Fraglich ist, ob und unter welchen Umständen eine vorbehaltslos erteilte Genehmigung zurückgenommen werden kann. Es wird jedoch davon auszugehen sein, daß sowohl Genehmigung wie Übertragung unter der Voraussetzung erfolgen, daß das vorhandene Interesse des Rentenberechtigten bestehen bleibt, und daß daher bei dem Fortfall dieses Interesses Genehmigung und Übertragung rückgängig gemacht werden können. Der Unterstützte wird somit in einem solchen Falle bei der unteren Verwaltungsbehörde die Zurücknahme der Genehmigung zu beantragen haben. Diese wird den Armenverband zu hören und darüber zu entscheiden haben, ob das Interesse des Rentenberechtigten in der That fortgefallen ist. Zieht sie danach die Genehmigung zurück, so wird die Versicherungsanstalt davon zu verständigen sein. Die einfache Erklärung des Rentenberechtigten gegenüber der Versicherungsanstalt, er ziehe die Übertragung zurück, ist dagegen nicht ausreichend; es ist sehr wohl möglich, daß der Versicherte sein eigenes Interesse verkennt oder chikanös handelt. Wohl aber dürfte die untere Verwaltungsbehörde berechtigt sein, ohne Antrag von Amtswegen die Genehmigung zurückzuziehen, sobald sie, etwa gelegentlich der Einleitung eines Heilverfahrens gemäß § 47 Abs. 2 J.V.G., von den veränderten Umständen Kenntnis erhält.

Zu erwähnen ist schließlich noch, daß dort, wo eine Rentenstelle vorhanden ist, die Genehmigung der Übertragung gemäß § 80 J.V.G. seitens der Versicherungsanstalt im Einverständnis mit der für den Sitz der Rentenstelle zuständigen Landescentralbehörde zu einer Obliegenheit der Rentenstelle gemacht werden kann.

Die praktische Bedeutung des § 55 Abs. 3 für die Armenverbände ist außerordentlich gering. Zur Anwendung könnte die Bestimmung z. B. dann kommen, wenn eine nicht hilfsbedürftige Person in ein dem Armenverband gehörendes Siechenhaus aufgenommen zu werden wünscht, oder wenn eine Person, die an sich von der Rente leben kann, die also nicht hilfsbedürftig ist, die aber mit ihrem Gelde nicht hauszuhalten versteht, in ihrem wohlverstandenen Interesse den Wunsch ausspricht, der Armenverband möge die Rente einziehen und sie in wöchentlichen Unterstützungen wieder auszahlen; daß Armenverbände sich mit Personen, die nicht hilfsbedürftig sind, befassen, wird aber naturgemäß selten vorkommen, während, sobald Hilfsbedürftigkeit vorliegt, § 49 bezw. § 55 Abs. 1 Ziff. 3 zur Anwendung kommt.

XI (§§ 18, 47 Abs. 2).

Von nicht unerheblicher Wichtigkeit in dem Verhältnis zwischen Armenverbänden und Versicherungsanstalten sind diejenigen Beziehungen, welche sich zwischen diesen beiden Institutionen dann entwickeln oder doch entwickeln können, wenn die Gewährung eines Heilverfahrens für einen Versicherten gemäß § 18 oder § 47 Abf. 2 in Frage kommt. In erster Linie sei dabei darauf hingewiesen, daß es bei dem hohen Wert, den jedes Heilverfahren als vorbeugende Maßregel für die Armenpflege hat, als eine Pflicht der Organe jeder Armenverwaltung anzusehen ist, dafür zu sorgen, daß die ihrer Pflege anvertrauten versicherten Armen in geeigneten Fällen möglichst frühzeitig eines Heilverfahrens teilhaftig werden. Der Unterstützte wird in solchen Fällen zur Stellung eines Antrages auf Gewährung des Heilverfahrens zu veranlassen sein, oder die Armenverwaltung selbst wird die Gewährung desselben in Anregung bringen.

Ein nicht unwesentlicher Punkt ist ferner die Frage der Beschaffung derjenigen Kleidungsstücke, welche zur Durchführung des Heilverfahrens für den mittellosen und abgerissenen Versicherten bezw. Rentenempfänger nötig sind. Da die Versicherungsanstalten bezüglich der Entschließung, ob sie im einzelnen Falle ein Heilverfahren eintreten lassen wollen, völlig nach ihrem freien Ermessen handeln können, so wird ihnen auch das Recht nicht versagt werden können, die Gewährung des Heilverfahrens davon abhängig zu machen, daß der zu Heilende sich im Besitz der für die Kur geeigneten Kleidung befindet. Mit vollem Recht berichtet daher die Landesversicherungsanstalt Posen über den von ihr eingenommenen Standpunkt das Folgende: „Voraussetzung für die Einleitung des Heilverfahrens ist diesseits grundsätzlich das Vorhandensein der für zweckmäßige Durchführung des Heilverfahrens notwendigen Kleidung." Einen anderen, meines Erachtens aber unrichtigen Standpunkt nimmt das Bundesamt für das Heimatwesen in einer Entscheidung vom 13. April 1899 ein; wenn eine Versicherungsanstalt ein Heilverfahren übernehme, so müsse sie auch die Ausrüstung beschaffen. Von einer derartigen Verpflichtung im Rechtssinne kann nicht die Rede sein. Trotzdem übernimmt eine Anzahl von Versicherungsanstalten die Beschaffung der notwendigen Kleidung aus Anstaltsmitteln, und zwar entweder in allen Fällen der Not (so Berlin, Braunschweig, Schwaben und Neuburg) oder doch wenigstens in einzelnen Fällen und unter bestimmten Voraussetzungen (so Hessen-Nassau, Mecklenburg, Schleswig-Holstein); besonders gilt dies von denjenigen Fällen, wo während der Kurdauer Aufwendungen für Neuanschaffungen oder Reparaturen gemacht werden müssen (so Pommern, Sachsen, hier gegen Zusicherung der Erstattung seitens des Versicherten).

Wenn und soweit jedoch die Versicherungsanstalten Kleidung nicht gewähren wollen — und das ist bei der Mehrzahl der Fall —, auch nicht gemeinnützige hilfsbereite Vereine (z. B. Verein zur Bekämpfung der Lungenschwindsucht, Verein für Volkswohl u. dergl.) vorhanden sind, wird der zu Heilende an den zuständigen Armenverband verwiesen oder dieser unmittelbar seitens der Versicherungsanstalt von der Sachlage in Kenntnis gesetzt und um Hilfe gebeten. In welchem Umfange die Armenverbände zur Gewährung von Kleidungsstücken für eine Kur verpflichtet sind, ist zwar von der Lage des einzelnen Falles abhängig; wenn aber insofern Hilfsbedürftigkeit gegeben ist, als die betreffende Person ohne das Eintreten des Armenverbandes die Kleidungsstücke nicht bekommen würde, so wird der Armenverband regelmäßig eintreten müssen. Denn jede Versicherungsanstalt wird ein Heilverfahren den gesetzlichen Bestimmungen nach nur dann eintreten laffen, wenn daſſelbe zur Beſeitigung einer Krankheit erforderlich iſt; wenn dies aber der Fall iſt, ſo würde der Armenverband, ſoweit es ſich um mittelloſe Kranke handelt, ſogar zur Gewährung des geſamten Heilverfahrens einſchließlich der dafür notwendigen Kleidung verpflichtet ſein (vgl. Wohlers-Krech S. 86 oben und unter B. ff.), und ſomit zweifellos auch zur Gewährung der Kleidung allein. Wenn daher aus dem eingegangenen Material erhellt, daß vielfach nur größere, leiſtungsfähigere Armenverbände die Gewährung von Kleidung übernehmen, ſo ſteht das keineswegs im Einklang mit den Vorſchriften des U.W.G., und es wäre ſchon vom Rechtsſtandpunkt aus in hohem Grade bedenklich, wenn kranke Perſonen von einem ihnen angebotenen Heilverfahren keinen Gebrauch machen könnten, weil der Armenverband die Anſchaffung der notwendigen Kleidung verweigert. Andrerſeits würde dies auch vom ſocialen Standpunkt aus höchſt bedauerlich ſein, und die Armenverbände ſollten auch in ſolchen Fällen, in denen die armenrechtliche Hilfsbedürftigkeit nicht ganz unzweifelhaft iſt, ohne Bedenken zu ihrem Teile mit dafür eintreten, daß ein ſolches Heilverfahren einem möglichſt weiten Kreiſe kranker Verſicherter zu teil wird; das liegt, wenigſtens mittelbar, immer im Intereſſe der Armenpflege.

Damit iſt nun aber noch keineswegs geſagt, daß die Bereitwilligkeit der Armenverbände, die Ausrüſtungskoſten zu tragen, in allen Fällen angebracht iſt. Es muß vielmehr ausdrücklich hervorgehoben werden, daß das Eintreten der Armenpflege bei allen denjenigen Verſicherten, die im übrigen bisher noch gar nicht oder doch nicht laufend unterſtützt ſind, keineswegs zu billigen iſt. Denn es muß von jedem derartigen Verſicherten als eine Härte empfunden werden, wenn er lediglich wegen des Fehlens einiger Ausrüſtungsgegenſtände die öffentliche Armenpflege anzurufen hat und damit eine Einbuße an ſeinen bürgerlichen Rechten erleidet. Es iſt daher äußerſt bedenklich und mit dem Geiſte der Verſicherungsgeſetzgebung kaum vereinbar, wenn in ſolchen Fällen die öffentliche Armenpflege einſchreiten muß, oder wenn gar, wie es vorkommt, der Verſicherte aus Scheu vor der öffentlichen Unterſtützung die Annahme des Heilverfahrens verweigert. Soweit daher die Verſicherungsanſtalten ſich nicht dazu entſchließen können, wenigſtens in ſolchen Fällen die Ausrüſtungskoſten als einen Teil oder ein Zubehör der Kurkoſten zu betrachten, iſt es von hohem Werte, wenn die Privatwohlthätigkeit helfend eingreift, was denn auch in verſchiedenen Bezirken geſchieht.

Nicht ſelten ſind zwiſchen Verſicherungsanſtalt und Armenverband beſondere Vereinbarungen über die Beſchaffung der Ausrüſtung getroffen. So beſteht zwiſchen der Landesverſicherungsanſtalt Rheinprovinz und der Stadt Düſſeldorf folgendes Abkommen:

1. In Fällen, in welchen es ſich um Verſicherte, die im armenrechtlichen Sinne unterſtützungsbedürftig ſind, handelt, trägt die Armenverwaltung die Koſten der Anſchaffung.

2. In Fällen, wo die Vorausſetzung zu 1 nicht zutrifft, indeſſen Bedürftigkeit vorliegt, trägt die Verſicherungsanſtalt die Hälfte, die Armenverwaltung die andere Hälfte der Koſten.

3. Die Kleidungsſtücke ſind ſelbſtverſtändlich nur dann zu geben, wenn

sie verlangt werden und wenn Bedürftigkeit vorliegt; die Armenverwaltung prüft selbständig das Vorliegen dieser Voraussetzungen.

4. Die Armenverwaltung besorgt in allen Fällen ihrerseits die Anschaffung der Kleidungsstücke.

Auch zwischen dem Ortsarmenverband Hamburg und der Landesversicherungsanstalt der Hansastädte haben wiederholt eingehende Verhandlungen über diese Frage geschwebt, deren Ergebnisse die folgenden sind. Die Versicherungsanstalt übernimmt in der Regel die Kosten der Ausrüstung; wenn aber die vorhandene Ausrüstung eine so mangelhafte ist, daß die betreffenden Personen ohnehin als der Armenunterstützung bedürftig erscheinen, oder wenn begründeter Verdacht vorliegt, daß ein Versicherter über seine Verhältnisse unrichtige Angaben macht oder sich weigert, für die Vervollständigung seiner Ausrüstung Sorge zu tragen, obwohl er nach den angestellten Ermittlungen dazu im stande ist, oder wenn sich ergiebt, daß ein Versicherter offensichtlich durch eigene Schuld so heruntergekommen ist, daß er sich nicht im Besitz der nötigen Kleidungsstücke befindet, so wird die Gewährung des Heilverfahrens davon abhängig gemacht, daß die Betreffenden für ihre Ausrüstung selbst sorgen; dabei werden diejenigen, welche der Armenunterstützung bedürftig erscheinen, darauf hingewiesen, daß sie sich an den zuständigen Armenverband zu wenden haben, und es wird gleichzeitig dem letzteren unter Übersendung der Akten von der Sachlage Kenntnis gegeben. Der Ortsarmenverband Hamburg prüft dann durch seine Armenpflegeorgane, ob es zur Beschaffung der Kleider einer Unterstützung bedarf. Im Falle der Bejahung dieser Frage wird die in Hamburg befindliche Centralstelle der Versicherungsanstalt um Beschaffung der fehlenden Ausrüstungsgegenstände ersucht; die für dieses Verfahren in Benutzung befindlichen Formulare sind im Anhang (Anl. 10 und 11) abgedruckt. Die Kosten werden, soweit es sich um fortlaufend unterstützte Personen handelt, aus öffentlichen Armenmitteln, im übrigen aber aus dem sogenannten Specialfonds des Armen-Collegiums, welcher den Zwecken vorbeugender Wohlthätigkeit dient, entnommen, das letztere, um zu verhüten, daß Personen nur wegen der Notwendigkeit einer kurzgemäßen Ausrüstung der öffentlichen Armenpflege anheimfallen und dadurch insbesondere ihr Wahlrecht verlieren, oder andrerseits dem Anheimfall an die Armenpflege den Verzicht auf die Heilbehandlung vorziehen. Mit Rücksicht darauf, daß nach der oben erwähnten Entscheidung des Bundesamtes die Lieferung von Kleidungsstücken in derartigen Fällen einen armenrechtlichen Erstattungsanspruch nicht begründet, übernimmt der Armenverband jedoch definitiv die Kosten nur bei solchen Personen, die ihren Unterstützungswohnsitz in seinem Bezirk besitzen. Stellt sich nachträglich heraus, daß dies nicht der Fall ist, so erstattet die Versicherungsanstalt den verauslagten Betrag. Im Jahre 1900 hat der Ortsarmenverband Hamburg nahezu 3700 Mark für Ausrüstungszwecke ausgegeben.

Im übrigen entsteht im Falle eines Heilverfahrens auch insofern eine Beziehung zwischen Armenverband und Versicherungsanstalt, als sie oft gemeinschaftlich für die Angehörigen des Versicherten sorgen müssen. Die Versicherungsanstalt hat die im § 18 Abs. 4 J.B.G. vorgeschriebene An=

gehörigenunterstützung zu gewähren; dieselbe reicht aber häufig nicht aus, um den Angehörigen die Beschaffung des notwendigen Lebensunterhaltes zu ermöglichen. Das ist um so seltener der Fall, als die meisten Versicherungsanstalten von dem ihnen nach dem Schlußsatz des § 18 Abs. 4 zustehenden Recht Gebrauch machen, also dann, wenn der Versicherte eine Invalidenrente bezieht, dieselbe auf die Angehörigenunterstützung anrechnen. Nur der kleinere Teil der Versicherungsanstalten rechnet in solchen Fällen die Rente entweder grundsätzlich oder doch wenigstens dann nicht an, wenn dies nach den Familienverhältnissen des Versicherten nicht angebracht erscheint. Die Zahl derjenigen Versicherungsanstalten vollends, welche in ihrer Fürsorge für die Angehörigen noch weiter gehen und, von der Bestimmung des § 45 Gebrauch machend, die Überschüsse ihres Sondervermögens zu einer Erhöhung der Angehörigenunterstützung verwenden, ist verschwindend klein; es gehören dazu u. a. die Versicherungsanstalten Schleswig-Holstein, Baden und Braunschweig.

Daher müssen denn, wie die eingezogenen Auskünfte ergeben, die Armenverbände in solchen Fällen vielfach ergänzend eintreten, soweit nicht die Privatwohlthätigkeit helfend eingreift.

XII (§ 24 Abs. 2, § 25).

Lediglich der Vollständigkeit halber sei kurz auf die Bestimmung des § 24 Abs. 2 hingewiesen, nach der "solchen Personen, welchen wegen gewohnheitsmäßiger Trunksucht nach Anordnung der zuständigen Behörden geistige Getränke in öffentlichen Schankstätten nicht verabfolgt werden dürfen", die Rente in derjenigen Gemeinde, für deren Bezirk eine solche Anordnung getroffen worden ist, ihrem vollem Betrage nach in Naturalleistungen zu gewähren ist. Von Wichtigkeit ist diese Bestimmung für die Armenverbände insofern, als dieselben Gefahr laufen würden, für einen solchen gewohnheitsmäßigen Trinker schon nach den allerersten Tagen des Monats eintreten zu müssen, falls derselbe seine Rente bei Beginn des Monats bar ausbezahlt erhalten und, wie vorauszusehen, alsbald vertrinken würde, während die Naturalunterstützungen, die nach und nach gegeben werden können, eine so leichte und schnelle Umsetzung in Branntwein nicht zulassen. In den Bezirken ungefähr der Hälfte der Versicherungsanstalten ist von der Bestimmung Gebrauch gemacht, überall aber nur in sehr vereinzelten Fällen, am häufigsten in den Bezirken der Versicherungsanstalten Pommern, Ostpreußen und Sachsen. Es wird übrigens mit zu den Aufgaben der Armenverbände gehören, in geeigneten Fällen eine derartige behördliche Anordnung in Anregung zu bringen und nach deren Erlaß die Versicherungsanstalt zum Verfahren nach § 24 Abs. 2 zu bewegen. Thüringen berichtet, daß die Herbeiführung einer behördlichen Anordnung im Sinne des § 24 Abs. 2 bisher dadurch habe vermieden werden können, daß die Rente notorischer Trinker mit deren Zustimmung immer deren Gemeindevorsteher oder der Ehefrau oder anderen Personen mit der Verabredung überwiesen worden sei, daß der Rentenempfänger sie nach und nach in kleinen Beträgen erhalte; diese Überweisung ist jedenfalls nach § 55 Abs. 3

zulässig, aber immer von der Zustimmung des Rentenberechtigten abhängig und daher beim Mangel der Zustimmung nicht verwendbar.

Der § 25 J.V.G. schließlich bestimmt, daß der Vorstand einer Versicherungsanstalt auf Grund statutarischer Vorschrift einem Rentenempfänger auf seinen Antrag an Stelle der Rente Aufnahme in ein Invalidenhaus oder in ähnliche, von Dritten unterhaltene Anstalten auf Kosten der Versicherungsanstalt gewähren kann. Die Bestimmung ist für die Armenverbände immer dann von Bedeutung, wenn es sich um Personen handelt, die von der Rente allein nicht leben können und die daher, wenn sie nicht auf Kosten der Versicherungsanstalt in einer Anstalt untergebracht werden, von dem Armenverband unterstützt werden müssen, während sonst eine Unterstützung nicht notwendig sein würde. Die Armenverbände sind daher in nicht unerheblichem Maße daran interessiert, daß möglichst viele Versicherungsanstalten in möglichst zahlreichen Fällen von der ihnen durch § 25 gegebenen Berechtigung Gebrauch machen, und werden in jedem geeigneten Fall den Rentenempfänger zur Stellung eines Antrages auf Unterbringung zu bewegen veranlaßt sein. Bisher ist von der Bestimmung des § 25 leider nur in sehr geringem Umfange Gebrauch gemacht. Die Thüringische Landesversicherungsanstalt besitzt ein Invalidenheim für männliche Rentenempfänger in Etzelbach bei Rudolstadt, in welchem 30 Personen Unterkunft finden können, und Ende März 1901 25 Rentenberechtigte untergebracht waren; die Beschaffung weiterer Plätze, etwa bis zu 40, ist in Aussicht genommen, da Gesuche reichlich eingehen. Ein eigenes Invalidenheim (in Lehre) mit 12 Pflegebetten besitzt außerdem nur die Versicherungsanstalt Braunschweig. Seitens einiger weiterer Versicherungsanstalten sind Vereinbarungen getroffen, auf Grund welcher Rentenempfänger in von Dritten unterhaltenen Anstalten untergebracht werden; in anderen Bezirken werden zur Zeit solche Vereinbarungen angebahnt.

XIII.
Schlußbemerkung.

Soll zum Schluß ein Urteil darüber abgegeben werden, ob die Bestimmungen, welche das Verhältnis der Armenverbände zu den Versicherungsanstalten regeln, den Bedürfnissen der Armenpflege entsprechen, so wird die Antwort weder völlig bejahend noch völlig verneinend ausfallen können. Elf Armenverbände haben allerdings schlechthin geantwortet, daß die Bestimmungen sich gut bewährt hätten, während fünf sich außer stande erklärt haben, ein abschließendes Urteil abzugeben, und weitere sechs erhebliche Übelstände nicht vorgefunden haben; auch von den Versicherungsanstalten haben sieben: gute, vier: keine und acht: keine schlechten Erfahrungen gemacht. Immerhin fehlt es nicht an zahlreichen Klagen insbesondere über folgende Punkte:

1. Die Entscheidung der Frage, ob vorübergehende oder fortlaufende Unterstützung vorliegt, sei häufig schwierig und mit Weiterungen verknüpft; insbesondere könne sie bei Unterbringung kranker Versicherter in Heilanstalten nur nach Einholung ärztlicher Gutachten getroffen werden (vgl. oben S. 15 f.).

Das Verhältnis der Armenverbände zu den Versicherungsanstalten. 59

2. Die Bestimmungen über die Beschränkung des Ersatzanspruchs bei vorübergehender und bei fortlaufender Unterstützung in offener Pflege seien in verschiedenen Beziehungen durchaus unzweckmäßig, vgl. oben S. 17 ff., 21 ff.

3. Der Zwang zur Anmeldung des Ersatzanspruchs bei der unteren Verwaltungsbehörde erschwere den Geschäftsbetrieb und habe unter Umständen den Verlust von Ansprüchen zur Folge, vgl. oben S. 27 f.

Andrerseits werden mit Recht als Vorzüge gegenüber den Bestimmungen des J.- und A.V.G. besonders zwei Umstände hervorgehoben, einmal nämlich der, daß auch Rentenbeträge, die noch nicht fällig sind, und zwar fortlaufend zur Einziehung überwiesen werden können, und andrerseits der, daß bei Streitigkeiten über den Ersatzanspruch die Entscheidung den Verwaltungsgerichten bezw. -Behörden übertragen ist, welche der Materie mit größerer Vertrautheit als die ordentlichen Gerichte gegenüberstehen.

Anlage 1.

Polizei-Behörde.
Abteilung I.
J.-Nr. I A.   II a./R.
K. Hb. u. R.
der verehrlichen
Allgemeinen Armen-Anstalt
hier.
unter Bezugnahme auf die §§ 49 und 50 des Invalidenversicherungsgesetzes vom 13. Juli 1899 mit der ergebenen Anfrage übersandt, ob und eventuell seit wann bezw. in welcher Höhe die nebenbezeichnete Person Armenunterstützung bezieht oder bezogen hat.
    Falls der Antrag auf Überweisung von Rentenbeträgen angemeldet wird, darf um nähere Begründung dieses Anspruches ersucht werden.
    Hamburg, den
Die Polizei-Behörde,
Abteilung I.
J. A.
Not. Term.
8 Tage.

Registriert

Hamburg, den ....ten............190......

D...

geboren am ....

zu ....

wohnhaft hierselbst ....

....

hat die Bewilligung einer ....=Rente beantragt.

Beglaubigt

Anlage 2.

Städtische Polizei-Behörde.
J.-Nr. II a.
Kiel, den ....190......
Urschriftl.
    dem Magistrat,
    Armen-Verwaltung,
                        hier
ergebenst zugestellt.

B.
1. D............. bezieht Armenunterstützung, deshalb Anmeldung bei der Invaliditäts- und Altersversicherungs-Anstalt hierselbst.
2. Armenpflegefall liegt nicht vor, zu den Akten.
K., d................190......
D. M. A. B.

Geschäftsvermerk.

Kiel, den ....190......

D...

geboren am ....

zu ...., Kreis ....

wohnhaft ....

hat heute einen Antrag auf $\frac{\text{Invaliden-}}{\text{Alters-}}$ Rente gestellt.

....

Bureau für Invaliditäts- und Altersversicherung.

Anlagen. 61

Anlage 3.

Armen-Direktion.

Berlin, den .... ten .... 190 ......

D .... am .... zu ....
geborene ....
hat aus öffentlichen Mitteln Unterstützungen erhalten.

Gemäß §§ 49, 50 des Invalidenversicherungsgesetzes vom 13. Juli 1899 melden wir hiermit unseren Erstattungsanspruch an; eine Aufstellung der gewährten Unterstützungen werden wir mit unseren Akten demnächst übersenden.

Beglaubigt

An
den Magistrat,
Abteilung für Invaliditäts- und
Altersversicherungssachen
hier
J.-Nr. ....

Anlage 4.

Armen-Direktion.

Berlin, den .... ten .... 190 ......

D .... am .... zu ....
geborene ....
— hat die in beiliegender Rechnung aufgeführten Armenunterstützungen zu den darin angegebenen Zeiten erhalten —
— erhält seit dem .... laufende Unterstützung durch Gewährung des Unterhalts in der .... -Anstalt, in welcher die Kosten täglich .... ℳ betragen —
— erhält seit dem .... laufende Unterstützung durch die .... Armenkommission in Höhe von .... ℳ monatlich —.
Dem Unterstützten stand — steht — für den gleichen Zeitraum ein Anspruch auf .... -Rente zu.

Gemäß § 50 des Invalidenversicherungsgesetzes vom 13. Juli 1899 melden wir unsern Anspruch auf Ersatz dieser Unterstützungen durch Überweisung von Rentenbeträgen nach Maßgabe des § 49 des Gesetzes hierdurch an.

Unseren Anspruch auf Ersatz dieser Unterstützungen haben wir durch Schreiben vom .... angemeldet.

Wir beantragen — Überweisung der — halben — ganzen — rückständigen — laufenden — Rente für die Zeit vom .... bis .... als Ersatz der für den gleichen Zeitraum gewährten fortlaufenden Unterstützung (§ 49 Abs. 4) — Überweisung von drei halben Monatsbeträgen der — rückständigen — laufenden — Rente als Ersatz der für die Zeit vom .... bis .... gewährten vorübergehenden Unterstützung (§ 49 Abs. 3).
— Von Inanspruchnahme der laufenden Rente sehen wir bis auf weiteres ab.
Unsere Verwaltungsakten fügen wir bei.

Beglaubigt

An
**den Herrn Magistrats-Kommissar
für Invalidenversicherung**
hier.

Anlage 5.

Armen-Direktion.

Journ.-Nr. ....

Berlin, den .... <u>ten</u> .... 190...

D .... am .... geborene ....

erhält seit dem .... laufende Unterstützung durch Gewährung des Unterhalts in ...., woselbst die Kosten täglich .... ℳ betragen, und hat außerdem die in der anliegenden Liquidation verzeichneten Armenunterstützungen erhalten.

D .... oben Genannte ist — dauernd — seit länger als 26 Wochen — erwerbsunfähig im Sinne des § 5 Abs. 4 des Invalidenversicherungs-gesetzes — hat am .... das 70. Lebensjahr voll-endet — und hat, da die gesetzliche Wartezeit erfüllt ist, Anspruch auf Be-willigung einer — Invaliden-Alters-Rente erworben.

Wir beantragen unter Überreichung
    unserer Verwaltungsakten,
    eines ärztlichen Gutachtens,
    der Geburtsurkunde,
    der letzten Quittungskarte Nr. ....,
    .... Aufrechnungs-⎫
    .... Arbeits-⎬ Bescheinigungen,
    .... Krankheits-⎭
die Festsetzung und Anweisung der Rente zu veranlassen, und melden gleich-zeitig unseren Ersatzanspruch gemäß §§ 49, 50 des Gesetzes vom 13. Juli 1899 mit dem Antrage auf Überweisung der vollen rückständigen und laufenden Rente seit dem Tage der Aufnahme (§ 49 Abs. 4) sowie — von drei halben Monatsbeträgen — der — halben — ganzen — rückständigen Rente für die Zeit vom .... bis .... als Ersatz der für den gleichen Zeitraum gewährten — vorübergehenden — fortlaufenden — Unterstützung (§ 49 Abs. 3, 4) hierdurch an.

                              Beglaubigt

An
**den Herrn Magistrats-Kommissar
für Invalidenversicherung**
        hier.

Anlage 6.

Aktenz.: ....
J.-Nr.: ....

An die
Hochlöbliche Polizei-Behörde
                hier.

D ....

welcher von uns, **wie umseitig angegeben**, unterstützt wird, steht ein An-spruch auf eine Invaliden- — Altersrente zu.

Wir melden unseren Antrag auf Überweisung von Rentenbeträgen zum Ersatz für die von uns gewährte und noch zu gewährende Unterstützung gemäß §§ 49, 50 des Gesetzes vom 13. Juli 1899 hiermit an.

Hamburg, den .... 19 ....

                            Allgemeine Armen-Anstalt.

Anlagen.

Anlage 7.

Aktenz.: ....
J.=Nr.: ....

An die
Hochlöbliche Polizeibehörde
hier.

D ....
....
hat vermutlich einen Anspruch auf Invaliden= — Altersrente.
    D............. selbe wird — wurde — von uns, wie umseitig angegeben, unterstützt.
    Für den Fall, daß d....... Genannten eine Rente bewilligt werden sollte, melden wir hiermit unsern Anspruch gemäß § 35 des Gesetzes vom 22. Juni 1898 bezw. §§ 49, 50 des Gesetzes vom 13. Juli 1899 an, jedoch nehmen wir bis auf weiteres nur die bis zur Feststellung der Rente fälligen Rentenbeträge in Anspruch.
    Von dem Ausfall des Verfahrens ersuchen wir uns Nachricht zu geben.

Hamburg, den .... 19 ....

Allgemeine Armen-Anstalt.

Anlage 8.

D. A. d. A. K.
III. Nr.

An
die städtische Amtsstelle für die Invalidenversicherung
    hier.

W. v. / 190.....

Hannover, den .... 19......

D .... am .... 18......
in .... geborene
welche..... Bewilligung von ....
Rente beantragt hat, muß seit dem .... auf Kosten unserer Armenkasse mit............ ℳ monatlich unterstützt — im hiesigen städtischen Krankenhause I, in der Siechenstation des hiesigen städtischen Armenhauses verpflegt werden, wodurch uns .... ℳ pro Tag Kosten erwachsen.

Auf Grund der §§ 49, 50 und 112 des Gesetzes vom 13. Juli 1899 ersuchen wir, die Überweisung der Rentenbezüge de.... Genannten zu veranlassen, soweit uns diese nach Vorschrift obiger Bestimmungen zustehen.

Die Unterstützungsverpflegung wird voraussichtlich von längerer Dauer sein.

Anlage 9.

.................................., den .... 19..........

D ....
hat von dem .... =Armenverband .... folgende
Unterstützungen erhalten:
1. Vorübergehende Unterstützung in der Zeit vom ....
bis .... bestehend in ....

....

2. Fortlaufende Unterstützungen in der Zeit vom ....

....

bis .... bestehend in ....

Unter Bezugnahme auf die untenstehende Erklärung des Vormundes — Pflegers — des Unterstützten wird für den genannten Armenverband gemäß § 49 ff. des Invalidenversicherungsgesetzes vom 13. Juli 1899 Ersatz aus der Rente des Unterstützten beansprucht, und zwar
    a) für vorübergehende Unterstützung: Überweisung von .... halben Monatsbeiträgen,
    b) für fortlaufende Unterstützung: Überweisung der .... Rente vom .... bis ....

....

———————

.................................., den .... 190..........

Ich erkenne an, daß ich — b ....
dessen Vormund — Pfleger — ich bin — die oben angegebenen Armenunterstützungen
von dem .... =Armenverband .... erhalten ha..........
und daß der genannte Armenverband berechtigt ist, Ersatz dafür aus der mir — dem
Unterstützten — zustehenden .... Rente zu beanspruchen.

———————

K. H. dem .... amt zu
....

gemäß §§ 50, 112 des Invalidenversicherungsgesetzes vorzulegen.

———————

Anlagen.

Anlage 10.

Aktenz. ....

V.

1. Rücksendung der Akten an die Verf.-Anst. zu Lübeck mit dem Bemerken, daß das Weitere diesseits veranlaßt werden wird.

2. Urschr. m. A. g. R.
Herrn Bezirksvorsteher ....
Bez. ....
zur gefälligen Äußerung darüber ergebenst vorzulegen, ob die Anschaffung der nebenbezeichneten Ausrüstungsgegenstände empfohlen wird.
.... bezieht jetzt ...... ℳ ...... ₰
Unterstützung: Pfleger: ....
Zufolge Beschlusses des Armen-Kollegiums vom 14. Februar 1901 erfolgt die Anschaffung **nicht mehr durch den Bezirk**, sondern auf diesseitige Kosten durch die Versicherungsanstalt.
Wegen Einhaltung des Abreisetermins bitten wir um Rückgabe bis zum ....

Hamburg, den 190

Allgemeine Armenanstalt.

Repr. / 190

Auszug aus den Akten der Landes-Versicherungsanstalt zu Lübeck.

In eine Heilstätte (..........................)
soll auf Kosten der Versicherungsanstalt untergebracht werden:

Name: ....

....

geb. am .... 18 .... zu ....

Familienstand: ....

Wohnung: ....

Mitgliedschaft zu einer Krankenkasse: ......

....

Folgende Ausrüstungsgegenstände sind anzuschaffen:

....

....

....

....

....

....

Festgesetzter Termin:

....

Hamburg, den 190

Begl.

....

Anlagen.

Herrn Pfleger ....
zur gefälligen Berichterstattung ergebenst
vorgelegt.

  Hamburg, den 190

   Der Bezirksvorsteher

Pflegerbericht.

....
....
....
....
....
....

Urschr. m. A.
 der Allgemeinen Armenanstalt
zurückzusenden.

  Hamburg, den 190

   Der Bezirksvorsteher

....
....
....
....

Urschr. g. R.
  der Kontrollstelle
 der Landes-Versicherungsanstalt Lübeck
         hier
mit dem Ersuchen vorzulegen, die fehlenden
Ausrüstungsgegenstände beschaffen und
die Rechnungen hierüber, mit einer Bescheinigung über die Angemessenheit der
Preise versehen, hierher einsenden zu
wollen.

  Hamburg, den 190

   Allgemeine Armenanstalt.
      J. A.
3 W.

 Die Anschaffung der fehlenden Ausrüstungsgegenstände wird — nicht —
empfohlen.

  Hamburg, den 190

  ....

    Armenpfleger.

 Die Anschaffung der umstehend aufgeführten Ausrüstungsgegenstände wird
genehmigt.

  Hamburg, den 190

   Der Kreisvorsteher

  ....

Zurück
 an die Allgemeine Armenanstalt
       Hamburg
mit dem Bemerken, daß die Gegenstände
angeschafft und d .... p. ....
übergeben worden sind.
 Anbei .... Rechnungen über den
Gesamtaufwand von .... ℳ ₰.

  Hamburg, den 190

   **Die Kontrollstelle der
 Landes-Versicherungsanstalt Lübeck.**

Anlage 11.

J.-Nr. ....
Aktenz. ....

V.

pro not. .... bezieht keine
Armenunterstützung.

1. Rückf. d. Akten an d. Verf.-Anstalt zu Lübeck mit dem Bemerken, daß das Weitere diesseits veranlaßt werden wird.

2. Urschr. m. A. g. R.
   Herrn Bezirksvorsteher ....
   Bez. ....
   mit dem ergebensten Ersuchen um Veranlassung einer Prüfung dahin, ob
   die fehlenden Ausrüstungsgegenstände nicht aus eigenen Mitteln zu beschaffen vermag, sowie um eine gefl. Äußerung darüber, ob die Anschaffung aus diesseitigen Mitteln empfohlen wird.
   Laut Beschlusses des Armen-Kollegiums erfolgt **die Anschaffung** der Ausrüstungsgegenstände **nicht mehr durch den Armenbezirk,** sondern **auf Kosten des Specialfonds** durch die Versicherungsanstalt.
   Wir bitten wegen Einhaltung des Abreisetermins um Rückgabe bis zum
   ....

Hamburg, den 190

Allgemeine Armenanstalt.

Repr. / 190

Auszug aus den Akten der Landes-Versicherungsanstalt zu Lübeck.

In eine Heilstätte (....................)
soll auf Kosten der Versicherungsanstalt untergebracht werden:

Name: ....
....

geb. am .... 18......... zu ....

Familienstand: ....

Wohnung: ....

Familienangehörige: ....
....
....

Mitgliedschaft zu einer Krankenkasse: ....
....
....

Folgende Ausrüstungsgegenstände sind anzuschaffen:
....
....
....
....
....

Festgesetzter Abreisetermin:
....

Hamburg, den 190

Begl.
....

Herrn Pfleger ....
zur gefälligen Berichterstattung ergebenst
vorgelegt.

    Hamburg, den 190
        Der Bezirksvorsteher
....

Urschr. m. A.
    der Allgemeinen Armenanstalt
zurückzusenden.

    Hamburg, den 190
        Der Bezirksvorsteher
....

Urschr. g. R.
    der Kontrollstelle
    der Landes-Versicherungsanstalt Lübeck
                    hier
mit dem Ersuchen vorzulegen, die fehlenden Ausrüstungsgegenstände beschaffen und die Rechnungen hierüber, mit einer Bescheinigung über die Angemessenheit der Preise versehen, hierher einsenden zu wollen.

    Hamburg, den 190
        Allgemeine Armenanstalt.
                J. A.
3 W.

Zurück
    an die Allgemeine Armenanstalt
                Hamburg
mit dem Bemerken, daß die Gegenstände angeschafft und d .... p. .... übergeben worden sind.
    Anbei .... Rechnungen über den Gesamtaufwand von .... ℳ ..... ₰.

    Hamburg, den 190
        **Die Kontrollstelle der
    Landes-Versicherungsanstalt Lübeck.**

        Pflegerbericht.
....
....
....
....
....
....
....

    Die Anschaffung der fehlenden Ausrüstungsgegenstände wird — nicht — empfohlen.

    Hamburg, den 190
....
        Armenpfleger.

    Die umstehend ausgeführten Ausrüstungsgegenstände sind zu beschaffen.

    Hamburg, den 190
        **Der Vorsitzende
der Kommission für den Specialfonds.**

Zur nächsten Sitzung
der Komm. f. d.
Sp. F. zu not.

Das Verhältnis der Armenverbände zu den Versicherungsanstalten.

Korreferat
von
Wilhelm Helling,
Rat der Landes-Versicherungsanstalt der Hansestädte in Lübeck.

Wie die Armenfürsorge die doppelte Aufgabe hat, den Bedürftigen zu unterstützen und den in seiner wirtschaftlichen Selbständigkeit Gefährdeten vor dem Eintritt der Unterstützungsbedürftigkeit zu bewahren, so sind auch die Beziehungen zwischen der Armenpflege und der Invalidenversicherung zweifache, je nachdem es sich um bereits eingetretene Unterstützungsbedürftigkeit oder um die Verhütung derselben handelt. Zwar liegt die Hauptaufgabe der Invalidenversicherung, dem Zwecke des Invalidenversicherungsgesetzes entsprechend, auf letzterem Gebiete, und haben demgemäß die Versicherungsträger bei allen ihren Maßnahmen ihr Bestreben darauf zu richten, die Versicherten durch die gesetzlichen Leistungen vor der Notwendigkeit, Armenfürsorge in Anspruch zu nehmen, zu bewahren. Zur Zeit jedoch ist dieses nur in beschränktem Umfange möglich, da die zu bewilligenden Renten bei der kurzen Dauer des Bestehens der Invalidenversicherung noch verhältnismäßig niedrige sind. Und auch nach längerem Bestehen des Gesetzes wird es nicht möglich sein, jenes Ziel vollständig zu erreichen. Daß aber eine von Jahr zu Jahr steigende Anzahl von Versicherten der Absicht des Gesetzes entsprechend vor der Inanspruchnahme der Armenfürsorge bewahrt wird, kann schon jetzt keinem Zweifel mehr unterliegen. Leider läßt sich zur Zeit ein bestimmter, ziffernmäßiger Nachweis hierfür nicht führen. Die von dem „Deutschen Verein für Armenpflege und Wohlthätigkeit" veranstaltete Untersuchung über die Einwirkung der socialen Gesetzgebung auf die Aufgaben der Armengesetzgebung und Armenpflege, über deren Ergebnis in der 15. Jahresversammlung im Jahre 1895 berichtet wurde, konnte hinsichtlich der Invalidenversicherung nur die Jahre 1891—93 berücksichtigen, also eine Zeit, in welcher Invalidenrenten, die wichtigsten Leistungen, erst einer geringen Anzahl von Personen zu teil werden, in welcher die Renten sich nur wenig über den Mindestbetrag erheben konnten, und in welcher die Thätigkeit der Versicherungsanstalten auf dem Gebiete der Krankenfürsorge in den allererften Anfängen sich befand. Trotzdem gelangte der Berichterstatter, Herr Dr. Freund, schon damals zu dem Ergebnisse, daß infolge der Invaliditäts- und Altersversicherung eine Entlastung der Armenverbände sich bereits bemerkbar mache.

Es wäre sehr wünschenswert, wenn der Verein die damals begonnene Untersuchung bald fortsetzen würde; dieselbe würde die Probe für das Exempel ergeben, ob die Leistungen der Invalidenversicherung thatsächlich den vom Gesetze verfolgten Zweck erfüllen. Bis zur Veranstaltung einer solchen erneuten Untersuchung ist man demnach auf die Geschäftsergebnisse der Versicherungsträger angewiesen; aber schon die Zahlen der seitens der Versicherungsträger in dem ersten Decennium ihrer Thätigkeit für die Versicherten aufgewendeten Summen reden eine so deutliche Sprache, daß es angebracht erscheint, hier einige derselben mitzuteilen.

Von 31 Versicherungsanstalten und 9 zugelassenen Kasseneinrichtungen sind bis zum 1. Januar 1900 festgesetzt:

	Invalidenrenten	Altersrenten
	477 930	355 255
Davon weggefallen	153 611	160 122
Mithin Bestand am 1. Jan. 1900	324 319	195 133

Von den genannten Versicherungsträgern sind gezahlt worden in den Jahren 1891 bis einschließlich 1899 rund:

Invalidenrenten	Altersrenten	Zusammen
158 424 400 Mk.	219 634 000 Mk.	378 058 400 Mk.

Im Jahre 1900, dessen Rechnungsergebnisse noch nicht endgültig feststehen, werden an Renten gezahlt sein rund 86 000 000 Mk. Mithin wird die Gesamtausgabe an Renten für die ersten zehn Jahre des Bestehens der Invalidenversicherung sich belaufen auf rund **464 058 400 Mk.**

In Ausübung der Heilverfahrensthätigkeit sind verausgabt worden:

1891—1899 rund	10 550 000 Mk.
1900 =	6 000 000 =
Zusammen	16 550 000 Mk.

Für die Erbauung eigener Heilstätten sind außerdem verausgabt worden bis Ende 1900 rund **10 650 000 Mk.**

Für den Bau von Kranken- und Genesungshäusern, Volksheilstätten, Gemeindepflegestationen, Herbergen zur Heimat, Arbeiterkolonien, Volksbädern, Blindenheimen, Kleinkinderschulen, Schlachthäusern, für Wasserleitungs-,

Kanalisations- und Entwässerungsanlagen, und ähnliche Wohlfahrtseinrichtungen sind Darlehen zu teilweise sehr ermäßigtem Zinsfuße hingegeben in den Jahren 1891—1900 zusammen rund **50 171 900 Mk.**

Für die Erbauung von Arbeiterwohnungen sind Darlehen zu teilweise sehr ermäßigtem Zinsfuße hingegeben in den Jahren 1891—1900 rund **69 637 100 Mk.**

Auf allen diesen Gebieten, insbesondere aber für Invaliden- und Krankenrenten, sowie für die Heilverfahrensthätigkeit und die Erbauung von Heilstätten werden die jährlichen Leistungen für die nächste Zeit noch erheblich wachsen.

Angesichts dieser gewaltigen Summen darf nunmehr mit Bestimmtheit behauptet werden, daß die erwartete Entlastung der Armenverbände durch die Leistungen der Invalidenversicherung bereits in erheblichem Umfange eingetreten ist. Abgesehen davon, daß seitens der Versicherungsanstalten den Armenverbänden zufolge gesetzlicher Bestimmung alljährlich sehr erhebliche Rentenbeträge überwiesen worden sind, ist sicherlich eine große Anzahl Versicherter, zumal solche, welche trotz ihrer verminderten Arbeitsfähigkeit sich neben der Rente noch einen geringen Verdienst erwerben können, oder welche aus eigenen Ersparnissen oder Unterstützungen Angehöriger einen Teil ihres Lebensunterhaltes bestreiten können, davor bewahrt worden, Armenunterstützung in Anspruch zu nehmen. Daneben, oder man darf sagen vor allem, sind zahlreiche Versicherte durch ein rechtzeitig eingeleitetes Heilverfahren langwierigem oder dauerndem Siechtum und damit dem sonst unvermeidlichen Verfall in die Armenfürsorge entrissen worden.

Bei der ungeheuren Bedeutung, welche somit die Durchführung der Invalidenversicherung für die Armenpflege gewonnen hat, ist es selbstverständlich, daß die Armenverwaltungen bei allen ihren Maßnahmen die Leistungen der Invalidenversicherung im Auge behalten, und daraus ergiebt sich entsprechend ihrer eingangs gekennzeichneten doppelten Aufgabe und dem Grundsatze, daß, wenn zwei dasselbe Ziel verfolgen, ein ständiges Zusammenarbeiten beider und eine zweckmäßige Verteilung der Thätigkeit unter ihnen unbedingt erforderlich ist, für sie eine zweifache Thätigkeit, nämlich der Ausgleich der beiderseitigen Leistungen an Personen, welche der Armenfürsorge bereits anheimgefallen sind, und die gemeinsame Thätigkeit zur Verhütung des Eintritts der Armenfürsorge.

In ersterer Hinsicht kommt im wesentlichen in Betracht die Geltendmachung der den Armenverbänden gegen die Versicherungsträger in den §§ 49, 50, 55 des Invalidenversicherungsgesetzes (in Anl. 1 abgedruckt) eingeräumten Ersatzansprüche. Eingehende Ausführungen hierüber wird der Herr Hauptberichterstatter vorlegen, während der Verfasser des Mitberichts die Fragen, seiner praktischen Wirksamkeit entsprechend, hauptsächlich vom Standpunkt der Versicherungsanstalten zu erörtern hat. Bemerkt sei nur noch, daß, wenn im nachstehenden von den Versicherungsanstalten die Rede ist, das Gleiche im wesentlichen auch von den auf Grund der §§ 8 ff. des Invalidenversicherungsgesetzes zugelassenen besonderen Kasseneinrichtungen gilt.

In erster Linie ist darauf hinzuweisen, daß diejenigen Personen, welchen durch das Invalidenversicherungsgesetz Gelegenheit geboten ist, an den Leistungen der Versicherung teilzunehmen, bei weitem noch nicht in wünschenswertem Maße darauf bedacht sind, sich die Vorteile der Versicherung zu sichern, und man wird mit der Annahme nicht fehlgehen, daß eine große Zahl der Säumigen späterhin der Armenfürsorge anheimfallen wird. In dieser Erkenntnis haben schon längst die Armenverwaltungen es sich angelegen sein lassen, auch ihrerseits auf die möglichst ausgiebige Durchführung der Versicherung hinzuwirken. Allerdings ist dieses unter der Herrschaft des Invaliditäts- und Altersversicherungsgesetzes vielfach in einer Weise geschehen, welche zu den erheblichsten Bedenken Veranlassung bot, indem nämlich für solche Personen, welche sich um ihre Versicherung früher nicht gekümmert hatten, bei Eintritt des Rentenfalles seitens der Armenverwaltungen die hinterzogenen Beiträge nachträglich aus öffentlichen Mitteln geleistet wurden. Dazu boten freilich die Bestimmungen des Invaliditäts- und Altersversicherungsgesetzes die weitestgehende Anregung, indem sie die nachträgliche Beitragsleistung unbeschränkt zuließen. So konnte es geschehen, daß z. B. Waschfrauen, welche vor Eintritt der Erwerbsunfähigkeit sich der Versicherung beharrlich entzogen, ja sogar die ihnen von den Arbeitgebern — in ungesetzlicher Weise — zur Beschaffung der vorgeschriebenen Beitragsmarken ausgehändigten Beträge in die Tasche gesteckt hatten, bei Eintritt der Erwerbsunfähigkeit auf Grund der seitens der Armenverwaltungen nachgeholten Beitragsleistung Renten bewilligt werden mußten, obwohl sie also selbst keinen Pfennig zum Erwerbe derselben beigetragen hatten. Ja zufolge der weiteren Bestimmung des Invaliditäts- und Altersversicherungsgesetzes, daß rückständige Rentenbeträge unverkürzt ausgezahlt werden mußten, waren die Fälle nicht vereinzelt, in denen eben diesen Personen Beträge von mehreren Hundert — ja sogar über 1000 — Mark plötzlich gleichsam in den Schoß fielen. Schon diese Beispiele dürften beweisen, daß jenes Verfahren der Armenverwaltungen nicht richtig sein konnte. Abgesehen davon, daß begrifflich zu jeder Versicherung auch die regelmäßige Leistung von Beiträgen gehört, war es eine socialpolitische Ungeheuerlichkeit, daß eine Armenverwaltung sich durch Zahlung von einigen Mark der Armenfürsorge entledigen, ja sogar sich für mehrjährige Armenunterstützungen Ersatz verschaffen konnte, indem sie durch Nachbringung der zur Erfüllung der Wartezeit erforderlichen Beiträge die Zubilligung einer Rente herbeiführte, und im Grunde genommen war eine solche Rente nichts anderes, als eine fortlaufende Armenunterstützung, allerdings auf Kosten der Versicherungsanstalten und des Reiches. Zur Rechtfertigung dieses Verfahrens konnte man anführen, daß die betreffenden Personen ja thatsächlich versicherungspflichtige Beschäftigung ausgeübt hatten, daß nichts sie gehindert haben würde, sich die erforderliche Beitragssumme anderweitig zu verschaffen, und daß schließlich in vielen Fällen die mangelnde Kenntnis der gesetzlichen Bestimmungen die Unterlassung der Versicherung verschuldet hatte, und man hätte die Zubilligung von Renten an Personen, die sich schuldhaft der Versicherung entzogen hatten, vielleicht als das kleinere Übel hinnehmen können, um nicht Schuldlose von der Wohlthat des Invaliditäts- und Altersversicherungsgesetzes auszuschließen. Aber auch abgesehen davon, daß eine solche Entlastung der Armenverbände auf Kosten der Versicherungsanstalten und des Reiches sicher nicht beabsichtigt war, kamen noch weitere Bedenken hinzu, daß nämlich einmal die Armenverwaltungen nur die zur Erfüllung der Wartezeit notwendige Mindestzahl der Beiträge nachzahlten, und dadurch das Risiko allein den Versicherungsanstalten aufbürdeten, und daß ferner dieses Verfahren im direkten Gegensatz stand zu der angestrengten Thätigkeit der mit der Durchführung der Versicherung betrauten Organe, die versicherungspflichtigen Personen zur Versicherung anzuhalten. Die Erfahrung lehrt, daß gerade in den Kreisen der der Versicherungspflicht unterliegenden Personen die Leistungen der Versicherungsanstalten lebhaft besprochen werden, und daß das böse Beispiel, wie überhaupt, besonders in dieser Beziehung ansteckend wirkt. Mußte nun nicht bei den in Frage kommenden Kreisen die schon so schwer zu besiegende Abneigung gegen Beitragsleistung und Markenverwendung noch bestärkt werden, wenn man sah, daß man auch ohne solche in den Genuß einer Rente gelangen konnte?

Das Invalidenversicherungsgesetz vom 13. Juli 1899 hat diesen Bedenken dadurch Rechnung getragen, daß es im § 146 (vgl. Anl. 1) die Möglichkeit nachträglicher Beitragsleistung auf den Zeitraum von 2 Jahren, vom Tage der Fälligkeit der Beiträge an gerechnet — in bestimmten Ausnahmefällen, insbesondere bei fehlendem Verschulden auf seiten aller Beteiligten, auf 4 Jahre —, beschränkt, daß es im § 41 Abs. 3 (vgl. Anl. 1) die Gewährung von Renten für Zeiten, die beim Eingange des Antrages auf Bewilligung einer Rente länger als ein Jahr zurückliegen, ausgeschlossen und im § 46 Abs. 1 (vgl. Anl. 1) bestimmt hat, daß die aus der Versicherungspflicht sich ergebende Anwartschaft erlischt, wenn während zweier Jahre nach dem auf der Quittungskarte verzeichneten Ausstellungstage ein die Versicherungspflicht begründendes Arbeits- oder Dienstverhältnis, auf Grund dessen Beiträge entrichtet sind, oder die Weiterversicherung nicht oder in weniger als insgesamt 20 Beitragswochen bestanden hat. Damit ist die Möglichkeit des geschilderten Verfahrens wesentlich eingeschränkt, wenn auch nicht beseitigt. Aus den angeführten Gründen empfiehlt es sich aber auch jetzt noch dringend, daß die Armenverwaltungen bei der Gewährung von Mitteln zur Nachholung versäumter Beitragsleistung nach Eintritt des Rentenfalles sich jedenfalls auf solche Personen beschränken, welche ein Verschulden hinsichtlich der Unterlassung der Versicherung nicht trifft. Bei der nunmehr anzunehmenden weitverbreiteten Kenntnis der Bestimmungen des Invalidenversicherungsgesetzes kann es als eine Härte nicht bezeichnet werden, wenn Personen, welche sich schuldhafterweise der Versicherung entziehen, der Armenfürsorge überlassen werden, und müssen die Armenverwaltungen im allgemeinen Interesse die Unterstützung solcher Personen auf sich nehmen, und zwar um so mehr, als ja die ausgiebige Durchführung der Versicherung auch sehr in ihrem eigenen Interesse liegt.

Dahingegen bietet sich für die Organe der Armenpflege ein weites Feld der Thätigkeit zur Verhütung des Eintritts der Armenunterstützung auf dem Gebiete der Durchführung der Versicherung in Ansehung derjenigen Personen, bei welchen der Anspruch auf Rente noch nicht entstanden ist. Wenn auch infolge der umfangreichen Heranziehung der Arbeitgeber und Versicherten zu den Aufgaben der Versicherung zu erwarten ist, daß die Durchführung der Versicherung eine immer vollkommenere werden wird, so ist einstweilen doch noch jeder Bundesgenosse willkommen, um nicht nur säumige versicherungspflichtige Personen zur Versicherung anzuhalten und säumige Arbeitgeber den Behörden namhaft zu machen, sondern auch solche Personen, welche nicht oder nicht mehr versicherungspflichtig, aber nach den gesetzlichen Bestimmungen in der Lage sind, sich die Vorteile der Versicherung zu sichern, hierauf aufmerksam zu machen; und hierzu erscheinen die Organe der Armenpflege vermöge ihrer vielfachen persönlichen Berührung mit den beteiligten Kreisen als besonders geeignet.

Es ist bedauerlich, sehen zu müssen, daß Personen, welche durch versicherungspflichtige Beschäftigung und Beitragsleistung bereits eine Anwartschaft auf die Leistungen der Versicherung erworben haben, sich so schwer dazu entschließen, wenn sie aus der Versicherungspflicht ausgeschieden sind, durch wenige freiwillige Beiträge — in der Regel genügen 1,40 Mk. jährlich — sich diese Anwartschaft zu erhalten (vgl. § 46 d. Ges. Anl. 1), sowie daß von dem Rechte der Selbstversicherung gemäß § 14 Abs. 1 des Gesetzes (vgl. Anl. 1) fast kein Gebrauch gemacht wird; und wenn man die häufig ausgesprochene Klage hört, daß für den Arbeiter heute besser gesorgt sei, als für den kleinen Gewerbetreibenden, so sollte man nicht übersehen, daß gerade den kleinen Gewerbetreibenden durch § 14 Ziffer 2 des Gesetzes die Möglichkeit geboten ist, durch Zahlung geringer Beiträge eine Versicherung unter so günstigen Bedingungen abzuschließen, wie sie ihnen kein privates Versicherungsinstitut gewähren kann.

Geradezu erschreckend ist aber die Zahl derjenigen weiblichen Personen, welche leichten Sinnes bei ihrer Verheiratung die erworbenen Rechte preisgeben, um in den Besitz einer verhältnismäßig geringen Summe baren Geldes zu gelangen, indem sie sich gemäß § 42 des Gesetzes (vgl. Anl. 1) die Hälfte der für sie entrichteten Beiträge erstatten lassen. In den Jahren 1895 bis einschließlich 1900 werden auf Grund des § 42 des Gesetzes im ganzen rund 16 768 600 Mk. erstattet, mithin sicher etwa 600 000 Anwartschaften aufgegeben worden sein. Die nachteiligen Folgen werden zwar diesen Personen zumeist erst später fühlbar werden, doch sind auch jetzt schon Fälle hervorgetreten, in denen Frauen die Erstattung gern rückgängig gemacht hätten, um einen Antrag auf Einleitung des Heilverfahrens oder auf Bewilligung einer Kranken- oder Invalidenrente stellen zu können. Nun aber war es zu spät, denn selbstverständlich kann auch von der Einleitung eines Heilverfahrens für Personen, welche ihr Versicherungsverhältnis gelöst haben, frühestens erst dann wieder die Rede sein, wenn sie von neuem die Wartezeit erfüllt haben. So ist auch wohl zu erwarten, daß in Zukunft von dem Rechte des § 42 in um so geringerem Umfange Gebrauch gemacht werden wird, je mehr Fälle bekannt werden, in denen die Erstattung zum Nachteile der betreffenden Personen ausgeschlagen ist; zur Zeit aber scheint der weibliche Teil der Versicherten für alle Belehrungen in dieser Hinsicht fast unzugänglich zu sein, vielleicht weil sie glauben, daß die Versicherungsanstalten von der Nichterstattung der Beiträge einen Vorteil hätten, während natürlich gerade das Gegenteil der Fall ist.

Im Jahre 1900 versandte beispielsweise die Landes=Versicherungsanstalt der Hansestädte an alle Antragstellerinnen alsbald nach dem Eingang des Erstattungsantrages eine gedruckte Belehrung, welche in der Anlage 2 mitgeteilt ist, jedoch mit dem Erfolge (!), daß noch nicht 1 % der Anträge zurückgenommen wurde, wohl aber zahlreiche Antragstellerinnen nochmals sehr energisch um Genehmigung ihres Antrages ersuchten. Zur Zeit wird im Bezirk derselben Versicherungsanstalt auf ihre Veranlassung seitens der Standesämter bei dem Aufgebot, also zu einer Zeit, wo noch nicht im Hinblick auf die Erstattungssumme Anschaffungen gemacht sind, den Versicherten eine ähnliche Belehrung behändigt, aber ebenfalls ohne daß bisher eine Abnahme der Erstattungsanträge bemerkbar geworden wäre. Ja, der Anreiz, sich in den Besitz der Erstattungssumme zu setzen, ist so groß, daß sogar häufig Personen, welche eben erst durch ein lange dauerndes, kostspieliges Heilverfahren von schwerer Krankheit wiederhergestellt sind, darunter auch viele Lungenkranke, sich bald darauf verheiraten und sich dann, trotz mehrfachen Hinweises darauf, daß die Geltendmachung des Erstattungsantrages ein erneutes Heilverfahren ausschließe, die Beiträge erstatten lassen. Bedenkt man, daß sicherlich eine große Anzahl dieser Frauen, wenn wiederholte Entbindungen und die aufreibende Hausarbeit neben der Kindererziehung ihren Körper geschwächt haben, zumal wenn sie durch den Tod oder schwere Erkrankung des Mannes ihres Ernährers beraubt sind, einer Rente oder eines zweckmäßigen Heilverfahrens dringend bedürfen und in Ermangelung dessen der Armenpflege anheimfallen werden, so muß es als eine der dankbarsten und auch im Interesse der Armenverwaltungen lohnendsten Aufgaben für die Armenpflegeorgane bezeichnet werden, hier durch rechtzeitige und wiederholte Belehrung über die Bedeutung der Invalidenversicherung aufklärend zu wirken. An abschreckenden Beispielen wird es ihnen schon nach einigen Jahren leider nicht fehlen. Also! anstatt nach Eintritt des Rentenfalles die schuldhafterweise unterlassene Beitragsleistung aus Mitteln der Armenverwaltungen nachzuholen, wirke man darauf hin, daß die in Frage kommenden Personen sich, solange sie noch ihre Selbständigkeit besitzen, die Aussicht auf die Leistungen der Invalidenversicherung wahren. Man wird dadurch zugleich der Hebung des Sinnes für Wirtschaftlichkeit einen erheblichen Dienst leisten.

Was sodann die Verhütung des Eintritts der Armenfürsorge durch rechtzeitige Erwirkung von Invaliden= bezw. Krankenrenten anlangt, so ist zu erwarten, daß die Erledigung der Rentenanträge um so rascher erfolgen kann, je mehr seitens aller Beteiligten auf ordnungsmäßige Versicherung gehalten werden wird. Bislang erfordern gerade die Ermittelungen über die Beitragsleistung immer noch erhebliche Zeit, und werden dadurch die Rentenbewerber noch häufig gezwungen, zunächst die Armenfürsorge in Anspruch zu nehmen. Zu erstreben ist es auch, daß die Versicherungsanstalten, ähnlich wie die Berufsgenossenschaften, auf Rentenansprüche, welche abgesehen von der Rentenhöhe festgestellt werden können, Vorschüsse gewähren. Doch auch hier kann seitens der Armenpflegeorgane, insbesondere der Armenärzte, oftmals günstig gewirkt werden, z. B. dadurch, daß Personen, deren Krankheit voraussichtlich länger als 26 Wochen dauern wird, zur Stellung des

Antrages auf Krankenrente schon vor Ablauf der 26 Wochen veranlaßt werden. Freilich empfiehlt es sich, dabei mit besonderer Vorsicht zu verfahren, da erfahrungsgemäß die Ablehnung eines Rentenantrages den Betreffenden meistens eine sehr große Enttäuschung bereitet und lebhafte Unzufriedenheit erweckt.

Auf dem Gebiete der Beitragserstattung ist es zweckmäßig, darauf hinzuwirken, daß Versicherte, welche durch einen Betriebsunfall dauernd erwerbsunfähig werden und demgemäß für die Dauer des Bezuges der Unfallrente einen Anspruch auf Invalidenrente nicht haben, nicht ohne weiteres von dem Rechte der Beitragserstattung gemäß § 43 (vgl. Anl. 1) des Gesetzes Gebrauch machen, sondern mindestens die zweijährige Antragsfrist ausnutzen. Es kommt erfahrungsgemäß nicht selten vor, daß die anfangs festgestellte **dauernde** Erwerbsunfähigkeit nachträglich wieder der Erwerbsfähigkeit Platz macht und dann zur **gänzlichen** oder teilweisen Entziehung der Unfallrente führt. Sind dann aber die Beiträge zur Invalidenversicherung erstattet, so kann eine Invalidenrente erst wieder nach erneuter Erfüllung der Wartezeit in Frage kommen, wohingegen anderenfalls die Zeit des Bezuges der Unfallrente für Verminderung der Erwerbsfähigkeit um mindestens 20 % für die Aufrechterhaltung der Anwartschaft als Beitragszeit in Anrechnung gebracht wird (§ 46 Abs. 2 Ziff. 2 des Invalidenversicherungsgesetzes — vgl. Anl. 1 —), und beim Eintritt der Erwerbsunfähigkeit aus anderen Ursachen neben den Unfallsfolgen eine Invalidenrente insoweit zur Auszahlung gelangt, als nicht die Unfallrente unter Hinzurechnung der Invalidenrente den $7^{1}/_{2}$fachen Grundbetrag der Invalidenrente übersteigt (§ 48 Abs. 1 Ziff. 1 — Anl. 1 —). In zweifelhaften Fällen ist es zu empfehlen, daß der Unfallrentner den Erstattungsantrag zunächst innerhalb der zweijährigen Frist lediglich zur Wahrung der Antragsfrist stellt, worauf die Entscheidung je nach Lage der Sache noch eine Zeitlang hinausgeschoben werden kann.

Von besonderer Wichtigkeit aber im Interesse der Verhütung des Eintritts der Armenfürsorge ist ein **Handinhandarbeiten** der Armenverwaltungen und Versicherungsträger auf dem Gebiete der Heilverfahrensthätigkeit. Kein Zweig der Invalidenversicherung hat sich in solcher Weise entwickelt, wie die Heilverfahrensthätigkeit gemäß § 12 des Invaliditäts- und Altersversicherungsgesetzes bezw. § 18 ff. des Invalidenversicherungsgesetzes (vgl. Anl. 1). Nicht allein, daß z. B. die Versicherungsanstalten in den ersten 10 Jahren ihrer Thätigkeit die bereits oben angegebene Summe von 16 550 000 Mk. für Heilverfahren aufgewendet haben, sind von ihnen auch rund 10 650 000 Mk. zur Erbauung von eigenen Heilstätten, insbesondere für Lungenkranke, verausgabt, und zinsfreie oder zu einem sehr geringen Zinsfuße verzinsliche Darlehen zwecks Errichtung von Heilstätten in noch höherem Betrage hingegeben. Auf diese Weise sind bis Ende 1900 etwa 12 eigene Heilstätten erbaut und in Betrieb genommen, während 7 ihrer Vollendung im Jahre 1901 entgegengehen, und weitere geplant werden. Insgesamt wird nach dem neusten Geschäftsberichte des deutschen Centralkomitees zur Errichtung von Heilstätten für Lungenkranke die Zahl der Lungenheilstätten in Deutschland — einschließlich der eigenen Heilstätten der

Versicherungsanstalten und Kasseneinrichtungen — Ende 1901 etwa 62 betragen, wobei zu bemerken ist, daß die nicht den Versicherungsanstalten und Kasseneinrichtungen gehörigen zum größten Teile wesentlich dadurch gefördert und betriebsfähig erhalten werden, daß jene zu ihrer Errichtung bedeutende Darlehen hingegeben haben und alljährlich zahlreiche Kranke in ihnen verpflegen lassen. Als Beweis dafür, daß die rechtzeitige Einleitung eines zweckmäßigen Heilverfahrens als eines der wirksamsten Mittel zur Verhütung des Eintritts der Armenfürsorge zu betrachten ist, darf angeführt werden, daß schon heute ein großer Teil der Versicherten, und zwar der intelligentere, die Einleitung eines Heilverfahrens der Bewilligung einer Rente bei weitem vorzieht.

Nun muß aber von vornherein hervorgehoben werden, daß die Versicherungsanstalten, so groß auch ihre Mittel sind und so unerschöpflich sie einzelnen erscheinen mögen, doch bei weitem nicht imstande sein würden, jedem Versicherten in jedem Krankheitsfalle die gerade am zweckmäßigsten erscheinende Heilbehandlung zu gewähren. Sie müssen sich vielmehr, und zwar jede nach ihrer Vermögenslage und nach den örtlichen Verhältnissen, gewisse Beschränkungen auferlegen. Zunächst ist es selbstverständlich, daß die Versicherungsanstalt dort nicht einzugreifen hat, wo andere Stellen dazu berufen und in der Lage sind. Solange also im einzelnen Fall ein Versicherter Unterstützung von einer Krankenkasse zu beanspruchen hat, muß dieser in erster Linie die Einleitung des Heilverfahrens überlassen werden. Aber mehr noch, in Bezirken, in welchen ein weit ausgebildetes Krankenkassenwesen besteht, muß die Versicherungsanstalt es auch regelmäßig ablehnen, in solchen Krankheitsfällen einzutreten, für welche der Betreffende durch Beitritt zu einer Krankenkasse sich ausreichende Unterstützung hätte verschaffen können. Hierzu gehören alle Fälle der Krankenhausbehandlung, der Gewährung specialistischer Behandlung und solcher Gegenstände, welche, wie Bruchbänder, künstliche Gliedmaßen u. dgl., unter die Krankenkassenleistungen fallen. Ausnahmen können natürlich vorkommen. Wollte die Versicherungsanstalt anders verfahren, so würde sie einerseits den möglichst zu fördernden ausgiebigen Anschluß der Versicherten an Krankenkassen hindern, und andererseits den letzteren den Antrieb nehmen, ihre Kassenleistungen bis zum zulässigen Höchstmaße zu steigern. Als die Aufgabe der Versicherungsanstalt ist es vielmehr zu betrachten, in solchen Fällen — selbstverständlich innerhalb der durch das Gesetz gezogenen Grenzen — einzugreifen, wo ein besonderes, die Leistungen der Krankenkasse übersteigendes Heilverfahren, z. B. eine Kur in einem auswärtigen Bade oder dergl., zur Abwendung der Invalidität am Platze ist, oder wo es sich um Krankheiten handelt, deren Bekämpfung im allgemeinen Interesse der Gesamtheit der Versicherten liegt, wie z. B. Lungentuberkulose. Wenn die Versicherungsanstalten innerhalb dieser Grenzen eine möglichst ausgiebige Thätigkeit entfalten, so werden sie im allgemeinen schon an die Grenze ihrer Leistungsfähigkeit gelangen, zumal sie auch noch andere wichtige Aufgaben, wie diejenige der Verbesserung der Wohnungsverhältnisse der Versicherten, der Förderung der Gesundheitsverhältnisse überhaupt u. dergl. haben, vor allem aber verpflichtet sind, durch zweckmäßige Vermögensverwaltung die Erfüllung der obligatorischen Leistungen, d. h. die Befriedigung der Ansprüche auf Rentengewährung und Beitragserstattung für alle Zeiten zu gewährleisten.

Es bleibt somit auch auf diesem Gebiete viel Spielraum für die private und öffentliche Wohlthätigkeit, um eine große Anzahl von Personen vor der Inanspruchnahme der Armenfürsorge ganz oder doch für längerdauernde Zeiträume zu bewahren, und diese Thätigkeit liegt nach obigem im wohlverstandenen Interesse auch der Armenverwaltungen, um so mehr, als ja etwaige Rentenansprüche der in geschlossener Armenpflege verpflegten Personen zum vollen Betrage auf die Armenverwaltungen übergehen.

Da ferner die Einleitung des Heilverfahrens seitens der Versicherungsanstalten zur Voraussetzung hat, daß von einem solchen mit Wahrscheinlichkeit Wiederherstellung mindestens mehrjähriger Erwerbsfähigkeit zu erwarten ist, so empfiehlt es sich oftmals, daß in Fällen, in welchen die Versicherungsanstalt wegen der Zweifelhaftigkeit des Erfolges die Krankenfürsorge ablehnen muß, zunächst die Armenverwaltung die Krankenfürsorge übernimmt, um dann später, wenn der Verlauf der Krankheit ein günstiger ist, das Eintreten der Versicherungsanstalt zu ermöglichen. Dieses Verfahren, welches seitens der Allgemeinen Armenanstalt in Hamburg und der Landesversicherungsanstalt der Hansestädte geübt wird, hat sich mehrfach sehr bewährt.

Aber auch während der Dauer der seitens der Versicherungsanstalten gewährten Krankenfürsorge können die letzteren nicht allen Ansprüchen gerecht werden. In erster Linie sind die Versicherungsanstalten oftmals nicht in der Lage, die Familie der in Krankenfürsorge Genommenen in ausreichender Weise zu unterstützen. Zwar haben schon eine größere Anzahl von ihnen auf Grund des § 45 des Gesetzes (vgl. Anl. 1) die Ermächtigung zur Erhöhung der gesetzlichen Familienunterstützung eingeholt, und werden die übrigen jedenfalls in Kürze folgen. Indessen ist diese Ermächtigung leider bislang durchweg nur bis zu einem solchen Betrage erfolgt, der nicht als in allen Fällen ausreichend zu betrachten ist. Meistens ist gestattet worden, die Familienunterstützung bis auf das Doppelte des gesetzlichen Betrages, d. h. also bis zum Betrage des vollen Krankengeldes bezw. der Hälfte des ortsüblichen Tagelohnes zu erhöhen. Daß dieser Höchstbetrag z. B. bei Familien mit vier und mehr Kindern nicht ausreicht, liegt auf der Hand. Leider ist aber noch nicht abzusehen, ob und wann eine weitere Erhöhung zugelassen werden wird. Es kann nach den gemachten Erfahrungen nun nicht bezweifelt werden, daß manche Versicherte, für welche ein Heilverfahren den günstigsten Erfolg haben würde, mit Rücksicht auf die nicht genügende Unterstützung der Familie von der Stellung eines Heilverfahrensantrages absehen und lieber mit Aufbietung ihrer letzten Kräfte arbeiten, um dann allerdings um so früher und sicherer Invalidenrente und meistens auch Armenfürsorge in Anspruch nehmen zu müssen. Hier helfend und in die Thätigkeit der Versicherungsanstalten ergänzend einzugreifen, ist den Armenverwaltungen dringend zu empfehlen, und zwar wenn irgend möglich mit Mitteln wohlthätiger Stiftungen oder besonderer Fonds, also ohne die mit der öffentlichen Armenfürsorge verbundenen politischen Folgen; denn sonst würden die betreffenden Kranken dennoch häufig so lange mit ihrem Antrage warten, bis das Leiden zu weit vorgeschritten, also bis es zu spät ist.

Ein gleiches gilt von der Beschaffung der für einen mehrmonatigen Kuraufenthalt erforderlichen Ausrüstung. Es bedarf keiner näheren Ausführung, daß z. B. für einen etwa dreimonatigen Aufenthalt in einer Lungenheilstätte, während dessen der Kranke möglichst den ganzen Tag über, auch bei ungünstiger Witterung sich im Freien aufhalten soll, eine Ausrüstung erforderlich ist, welche ein großer Teil der Arbeiter nicht besitzt und auch, zumal nach längerer Dauer der Krankheit, nicht aus eigenen Mitteln beschaffen kann. Ob und in welchem Umfange die Versicherungsanstalt auch die Mittel für Beschaffung der Ausrüstung gewähren will, muß sich nach den besonderen Verhältnissen richten. Eine Verpflichtung der Versicherungsanstalten dazu existiert ebensowenig, wie für die Einleitung des Heilverfahrens überhaupt, und demgemäß ist das bei den verschiedenen Versicherungsanstalten beobachtete Verfahren verschieden, indem die einen Kleidung in größerem oder geringerem Maße, die anderen solche überhaupt nicht gewähren. Aber auch bei den Versicherungsanstalten, welche für die Beschaffung der Ausrüstung erhebliche Mittel verwenden, sind die Fälle zahlreich, in welchen die erforderliche Kleidung nicht gewährt werden kann. Als ausgeschlossen muß die Gewährung jedenfalls dann erachtet werden, wenn der betreffende Kranke bereits Armenunterstützung bezieht oder doch derselben bedürftig ist. Auch hier liegt es im Interesse der Armenverwaltungen, die Einleitung des Heilverfahrens nicht an der Ausrüstungsfrage scheitern zu lassen, und ist es dringend zu empfehlen, daß, wie bei der Familienunterstützung vorgeschlagen, verfahren wird.

Die Hauptsache bleibt aber, daß in den Fällen, wo nach obigem die Übernahme der Krankenfürsorge seitens der Versicherungsanstalten aussichtsvoll ist, die Kranken zur möglichst frühzeitigen Stellung des Antrages veranlaßt werden; alle anderen Fragen sind nur nebensächlich und bei wohlwollendem Zusammenwirken der Versicherungsanstalten und Armenverwaltungen ohne Mühe zu lösen. Die nach dem Invalidenversicherungsgesetz in Betracht kommenden Bevölkerungskreise immer und immer wieder darauf aufmerksam zu machen, daß eine Krankheit um so sicherer zu heilen ist, je früher gegen dieselbe eingeschritten wird, und das zwar im übrigen hochzuschätzende, aber im Hinblick auf eine schwere, in häuslicher Pflege nicht zu bekämpfende Krankheit oftmals verderbliche Vorurteil gegen die Trennung von den Angehörigen und den Eintritt in ein Krankenhaus oder eine Heilstätte besiegen zu helfen, ist die Pflicht aller, denen die Fürsorge für das Wohl der minderbemittelten Bevölkerungsschicht anvertraut ist.

Auch zum Zweck der Sicherung des Erfolges der Krankenfürsorgebestrebungen ist die Mitwirkung der Armenpflegeorgane dringend erwünscht. Wie häufig auch die schönsten Erfolge eines Heilverfahrens in kurzer Zeit wieder verloren gehen — dadurch, daß der Entlassene zu einem für seinen Gesundheitszustand schädlichen, aber vielleicht lohnenderen Berufe zurückkehrt, oder daß er im Kampfe um das tägliche Brot nicht die Mittel und Wege findet, um sich die im Interesse seiner Gesundheit erforderliche notwendige Pflege zu beschaffen, oder auch daß er leichtsinnig sich gesundheitsschädlichen Neigungen hingiebt, ist ja nur zu bekannt. Hier gilt es vor allem, neben unermüdlicher Belehrung und Ermahnung, wozu die möglichste Verbreitung der schon in großer Zahl vorliegenden, populär gehaltenen Schriften über Gesundheitspflege zu erstreben ist, die weitesten Kreise mobil zu machen, um dem einen passende Beschäftigung, dem anderen gesunde Wohnung, dem dritten eine Entlastung von den schweren Sorgen um eine zahlreiche Kinderschar u. bergl. zu verschaffen.

Aus derselben Erwägung wäre es wünschenswert, wenn es den Versicherungsanstalten gestattet würde, für die Angehörigen der Versicherten in geeigneten Fällen die Kosten eines Heilverfahrens zu übernehmen, denn Erkrankungen dieser führen nicht minder häufig, wie die der Versicherten selbst, zur Armenunterstützung. Leider sind dahingehende Anträge einiger Versicherungsanstalten vom Bundesrate bislang abschlägig beschieden worden, und muß daher bis auf weiteres auch hier die Thätigkeit der Armenverwaltungen einsetzen, deren möglichste Ausgiebigkeit insbesondere bei ansteckenden Krankheiten im Interesse der Erhaltung der Gesundheit der anderen Familienmitglieder nicht dringend genug empfohlen werden kann. Wie häufig kann man z. B. die Bemerkung machen, daß ein Schwindsüchtiger durch das bei den in Frage kommenden Kreisen nicht zu vermeidende enge Zusammenleben in beschränkten Räumen den Keim zu derselben Krankheit auf alle Familienmitglieder überträgt, während bei rechtzeitiger Absonderung und Einleitung eines entsprechenden Heilverfahrens dem Kranken selbst Genesung verschafft, jedenfalls aber die Familie vor Ansteckung bewahrt worden wäre. Gerade in Bezug auf diese zur Zeit gefährlichste Krankheit unter den unbemittelten Bevölkerungskreisen darf an dieser Stelle insbesondere an die Armenpflegeorgane die Aufforderung gerichtet werden, an dem seit einer Reihe von Jahren, nicht zum wenigsten seitens der Versicherungsanstalten aufgenommenen Kampfe auch ihrerseits allgemein teilzunehmen und zur Verbreitung der Kenntnis von dem Wesen der Krankheit und von den zu Gebote stehenden Bekämpfungsmitteln beizutragen.

Endlich sei noch auf eine wichtige Frage hingewiesen, welche ein Zusammenarbeiten zwischen Armenverwaltung und Versicherungsanstalt erfordert, nämlich diejenige der Unterbringung von Rentenempfängern in Invalidenhäusern. Der § 25 des Invalidenversicherungsgesetzes (vgl. Anl. 1) giebt zwar den Versicherungsanstalten die Befugnis, Rentenempfängern anstatt der Renten auf ihren Antrag Aufnahme in ein Invalidenhaus oder in ähnliche von Dritten unterhaltene Anstalten auf Kosten der Versicherungsanstalt zu gewähren. Bislang haben die Versicherungsanstalten von dieser Befugnis so gut wie gar keinen Gebrauch machen können. Nur die Versicherungsanstalt Braunschweig hat ein Invalidenhaus in ländlicher Gegend mit einer ganz geringen Anzahl von Plätzen eingerichtet. In absehbarer Zeit werden auch die Versicherungsanstalten schwerlich zur Errichtung von Invalidenhäusern sich entschließen können, da sie einstweilen durch Schaffung von ausreichender Gelegenheit zur Unterbringung von Kranken im Wege des Heilverfahrens vollauf in Anspruch genommen sind, und da es mindestens sehr zweifelhaft ist, ob dieselben für die Errichtung eigener Invalidenhäuser die geeigneten Stellen sind, zumal ihnen die Befugnis, Rentner gegen ihren Willen in solchen Häusern unterzubringen, gesetzlich nicht zusteht. Wohl aber erscheinen die Armenverwaltungen hierzu geeignet, da sie auf ihre

Schutzbefohlenen einen größeren Einfluß ausüben können, und es wäre eine dankbare Aufgabe für sie, selbst solche Invalidenhäuser zu errichten, oder die Errichtung durch die Kommunalverwaltungen oder Private zu befördern, wobei sie der thatkräftigen Unterstützung seitens der Versicherungsanstalten, z. B. durch Baudarlehne, gewiß sein könnten. Das Interesse der Armenverwaltungen liegt auf der Hand. Nicht nur daß sie selbst einen großen Teil der in dauernder geschlossener Armenpflege befindlichen Personen in Invalidenhäusern mindestens ebenso billig, als in Krankenhäusern unterbringen könnten, würden ihnen erhebliche Ersparnisse dadurch erwachsen, daß die Versicherungsanstalten geeignete Rentenempfänger daselbst in Pflege geben würden. Die Versicherungsanstalten würden zweifellos die gegenüber der Rentengewährung erwachsenen Mehrkosten bereitwillig auf sich nehmen, während die auf diese Weise untergebrachten Rentner, welche zum großen Teile neben der Rente noch Armenunterstützung beziehen, der Armenverwaltung abgenommen würden. Das Bedürfnis an solchen Invalidenhäusern besteht zweifellos fast allerorten, eine Befriedigung desselben ist aber zur Zeit anscheinend unmöglich, wie denn z. B. die Landes-Versicherungsanstalt der Hansestädte auf eine diesbezügliche Umfrage bei den Verwaltungen der drei Hansestädte nach dem Vorhandensein geeigneter Anstalten nur verneinende Antworten erhalten hat. Den Rentenempfängern selbst würde eine nicht hoch genug anzuschlagende Wohlthat erwiesen werden, wenn sie den Rest ihres meist nur noch kurzen Lebens in geordneter und fürsorgender Pflege verbringen könnten.

Anlage 1.

Invalidenversicherungsgesetz vom 13. Juli 1899.

§ 14 Abs. 1. Folgende Personen sind befugt, freiwillig in die Versicherung einzutreten, solange sie das 40. Lebensjahr nicht vollendet haben (Selbstversicherung):

1. Betriebsbeamte, Werkmeister, Techniker, Handlungsgehilfen und sonstige Angestellte, deren dienstliche Beschäftigung ihren Hauptberuf bildet, ferner Lehrer und Erzieher, sowie Schiffsführer, sämtlich sofern ihr regelmäßiger Jahresarbeitsverdienst an Lohn oder Gehalt mehr als zweitausend, aber nicht über dreitausend Mark beträgt;
2. Gewerbetreibende und sonstige Betriebsunternehmer, welche nicht regelmäßig mehr als zwei versicherungspflichtige Lohnarbeiter beschäftigen, sowie Hausgewerbetreibende, sämtlich, soweit nicht durch Beschluß des Bundesrates (§ 2 Abs. 1) die Versicherungspflicht auf sie erstreckt worden ist;
3. Personen, welche auf Grund des § 3 Abs. 2 und § 4 Abs. 1 der Versicherungspflicht nicht unterliegen.

Diese Personen sind ferner berechtigt, beim Ausscheiden aus dem die Berechtigung zur Selbstversicherung begründenden Verhältnisse die Selbstversicherung fortzusetzen und nach den Bestimmungen des § 46 zu erneuern.

§ 18. Ist ein Versicherter dergestalt erkrankt, daß als Folge der Krankheit Erwerbsunfähigkeit zu besorgen ist, welche einen Anspruch auf reichsgesetzliche Invalidenrente begründet, so ist die Versicherungsanstalt befugt, zur Abwendung dieses Nachteils ein Heilverfahren in dem ihr geeignet erscheinenden Umfang eintreten zu lassen.

Die Versicherungsanstalt kann das Heilverfahren durch Unterbringung des Erkrankten in einem Krankenhaus oder in einer Anstalt für Genesende gewähren. Ist der Erkrankte verheiratet, oder hat er eine eigene Haushaltung, oder ist er Mitglied der Haushaltung seiner Familie, so bedarf es hierzu seiner Zustimmung.

Läßt die Versicherungsanstalt ein Heilverfahren eintreten, so gehen bei Versicherten, welche der reichs- oder landesgesetzlichen Krankenfürsorge unterliegen, vom Beginne dieses Heilverfahrens an bis zu dessen Beendigung die Verpflichtungen der Krankenkasse gegen den Versicherten auf die Versicherungsanstalt über. Dieser hat die Krankenkasse Ersatz zu leisten in Höhe desjenigen Krankengeldes, welches der Versicherte von der Krankenkasse für sich beanspruchen konnte.

Während des Heilverfahrens ist für solche Angehörigen des Versicherten, deren Unterhalt dieser bisher aus seinem Arbeitsverdienst bestritten hat, eine Unterstützung auch dann zu zahlen, wenn der Versicherte der reichs- oder landesgesetzlichen Krankenversorgung nicht unterliegt. Diese Angehörigenunterstützung beträgt, sofern der Versicherte der reichs- oder landesgesetzlichen Krankenfürsorge bis zum Eingreifen der Versicherungsanstalt unterlag, die Hälfte des für ihn während der gesetzlichen Dauer der Krankenunterstützung maßgebend gewesenen Krankengeldes, im übrigen ein Viertel des für den Ort seiner letzten Beschäftigung oder seines letzten Aufenthalts maßgebenden ortsüblichen Tagelohns gewöhnlicher Tagearbeiter. Wenn der Versicherte Invalidenrente erhält, kann dieselbe auf die Angehörigenunterstützung angerechnet werden.

§ 25. Auf Grund statutarischer Bestimmung der Versicherungsanstalt kann der Vorstand einem Rentenempfänger auf seinen Antrag an Stelle der Rente Aufnahme in ein Invalidenhaus oder in ähnliche, von Dritten unterhaltene Anstalten auf Kosten der Versicherungsanstalt gewähren. Der Aufgenommene ist auf ein Vierteljahr und, wenn er die Erklärung nicht einen Monat vor Ablauf dieses Zeitraums zurücknimmt, jedesmal auf ein weiteres Vierteljahr an den Verzicht auf die Rente gebunden.

§ 41 Abf. 3. Für Zeiten, die beim Eingange des Antrags auf Bewilligung einer Rente länger als ein Jahr zurückliegen, wird die Rente nicht gewährt.

§ 42. Weiblichen Personen, welche eine Ehe eingehen, bevor ihnen die eine Rente (§§ 15, 16) bewilligende Entscheidung zugestellt ist, steht ein Anspruch auf Erstattung der Hälfte der für sie geleisteten Beiträge zu, wenn die letzteren vor Eingehung der Ehe für mindestens zweihundert Wochen entrichtet worden sind. Dieser Anspruch muß bei Vermeidung des Ausschlusses vor Ablauf eines Jahres nach dem Tage der Verheiratung geltend gemacht werden. Der zu erstattende Betrag wird auf volle Mark nach oben abgerundet.

Mit der Erstattung erlischt die durch das frühere Versicherungsverhältnis begründete Anwartschaft.

§ 43. Werden versicherte Personen durch einen Unfall dauernd erwerbsunfähig im Sinne dieses Gesetzes und steht ihnen nach § 15 Abs. 2 Satz 2 für die Zeit des Bezugs der Unfallrente ein Anspruch auf Invalidenrente nicht zu, so ist auf ihren Antrag die Hälfte der für sie entrichteten Beiträge zu erstatten. Der Anspruch muß bei Vermeidung des Ausschlusses vor Ablauf von zwei Jahren nach dem Unfalle geltend gemacht werden. Die Bestimmungen des § 42 Abs. 1 Satz 3 und Abs. 2 finden Anwendung.

§ 45. Durch übereinstimmenden Beschluß des Vorstandes und des Ausschusses kann bestimmt werden, daß die Überschüsse des Sondervermögens einer Versicherungsanstalt über den zur Deckung ihrer Verpflichtungen dauernd erforderlichen Bedarf zu anderen als den im Gesetze vorgesehenen Leistungen im wirtschaftlichen Interesse der der Versicherungsanstalt angehörenden Rentenempfänger, Versicherten, sowie ihrer Angehörigen verwendet werden.

Solche Beschlüsse bedürfen der Genehmigung des Bundesrats. Die Genehmigung kann widerrufen werden, wenn das Sondervermögen der Versicherungsanstalt zur dauernden Deckung ihrer Verpflichtungen nicht mehr ausreicht.

§ 46. Die aus der Versicherungspflicht sich ergebende Anwartschaft erlischt, wenn während zweier Jahre nach dem auf der Quittungskarte (§ 131) verzeichneten Ausstellungstag ein die Versicherungspflicht begründendes Arbeits- oder Dienstverhältnis, auf Grund dessen Beiträge entrichtet sind, oder die Weiterversicherung (§ 14 Abs. 2) nicht oder in weniger als insgesamt zwanzig Beitragswochen bestanden hat.

Den Beitragswochen im Sinne des vorigen Absatzes werden gleich behandelt die Zeiten:
1. welche nach § 30 als Beitragszeiten angerechnet werden;
2. während deren der Anwärter eine Unfallrente für eine Verminderung der Erwerbsfähigkeit um mindestens zwanzig Prozent oder aus Kassen der in den §§ 8, 10, 11, 52 bezeichneten Art Invaliden- oder Altersrenten bezog, ohne gleichzeitig eine nach diesem Gesetze versicherungspflichtige Beschäftigung auszuüben.

Bei der Selbstversicherung und ihrer Fortsetzung (§ 14 Abs. 1) müssen zur Aufrechterhaltung der Anwartschaft während der im Abs. 1 bezeichneten Frist mindestens vierzig Beiträge entrichtet werden.

Die Anwartschaft lebt wieder auf, sobald durch Wiedereintreten in eine versicherungspflichtige Beschäftigung oder durch freiwillige Beitragsleistung das Versicherungsverhältnis erneuert und danach eine Wartezeit von zweihundert Beitragswochen zurückgelegt ist.

§ 48 Abs. 1 Ziff. 1. Das Recht auf Bezug der Rente ruht:
1. für diejenigen Personen, welche auf Grund der reichsgesetzlichen Bestimmungen über Unfallversicherung eine Rente beziehen, solange und soweit die Unfallrente unter Hinzurechnung der ihnen nach dem gegenwärtigen Gesetze zugesprochenen Rente den siebeneinhalbfachen Grundbetrag der Invalidenrente (§ 36 Abs. 2, 3) übersteigt.

6*

§ 49. Die auf gesetzlicher Vorschrift beruhende Verpflichtung von Gemeinden und Armenverbänden zur Unterstützung hilfsbedürftiger Personen, sowie sonstige gesetzliche, statutarische oder auf Vertrag beruhende Verpflichtungen zur Fürsorge für alte, kranke, erwerbsunfähige oder hilfsbedürftige Personen werden durch dieses Gesetz nicht berührt.

Wenn von einer Gemeinde oder einem Armenverband an hilfsbedürftige Personen Unterstützungen für einen Zeitraum geleistet werden, für welchen diesen Personen ein Anspruch auf Invaliden- oder Altersrente zustand oder noch zusteht, so ist ihnen hierfür durch Überweisung von Rentenbeträgen Ersatz zu leisten.

Ist die Unterstützung eine vorübergehende, so können als Ersatz höchstens drei Monatsbeträge der Rente, und zwar mit nicht mehr als der Hälfte, in Anspruch genommen werden.

Ist die Unterstützung eine fortlaufende, so kann als Ersatz, wenn die Unterstützung in der Gewährung des Unterhalts in einer Anstalt besteht, für dessen Dauer und in dem zur Ersatzleistung erforderlichen Betrage die fortlaufende Überweisung der vollen Rente, im übrigen die fortlaufende Überweisung von höchstens der halben Rente beansprucht werden.

§ 50. Der Antrag auf Überweisung von Rentenbeträgen (§ 49 Abs. 2 bis 4) ist bei einer der im § 112 Abs. 1 bezeichneten Behörden anzumelden; soweit es sich um den Ersatz für eine vorübergehende Unterstützung handelt, ist der Anspruch bei Vermeidung des Ausschlusses spätestens binnen drei Monaten seit Beendigung der Unterstützung geltend zu machen.

Den Gemeinden und Armenverbänden steht die Geltendmachung des Ersatzanspruchs auch dann zu, wenn die hilfsbedürftige Person, welcher ein Anspruch auf Invaliden- oder Altersrente zustand, vor Stellung des Rentenantrags verstorben ist. Die Bestimmung im § 44 Abs. 4 findet entsprechende Anwendung.

Streitigkeiten, welche zwischen den Beteiligten über den Anspruch auf Überweisung von Entschädigungsbeträgen entstehen, werden im Verwaltungsstreitverfahren oder, wo ein solches nicht besteht, durch die dem Ersatzberechtigten vorgesetzte Aufsichtsbehörde entschieden. Die Entscheidung der letzteren kann innerhalb eines Monats nach der Zustellung im Wege des Rekurses nach Maßgabe der §§ 20, 21 der Gewerbeordnung angefochten werden.

§ 55 Abs. 1 Ziff. 3. Die Übertragung der aus den reichsgesetzlichen Bestimmungen sich ergebenden Ansprüche auf Dritte, sowie deren Verpfändung oder Pfändung hat nur insoweit rechtliche Wirkung, als sie erfolgt:

> 3. zur Deckung von Forderungen der nach §§ 49, 51 ersatzberechtigten Gemeinden und Armenverbände sowie der an deren Stelle getretenen Betriebsunternehmer und Kassen;

Abs. 3: Ausnahmsweise darf der Berechtigte den Anspruch auf die Rente ganz oder zum Teil auf andere übertragen, sofern dies von der unteren Verwaltungsbehörde genehmigt wird.

§ 146. Die nachträgliche Entrichtung von Beiträgen für eine versicherungspflichtige Beschäftigung ist nach Ablauf von zwei Jahren, sofern aber die Beitragsleistung wegen verspäteter Feststellung einer bisher streitigen Versicherungspflicht oder aus anderen Gründen ohne Verschulden der Beteiligten unterblieben ist, nach Ablauf von vier Jahren seit der Fälligkeit unzulässig. Freiwillige Beiträge und Beiträge einer höheren als der maßgebenden Lohnklasse (§ 34 Abs. 4) dürfen für eine länger als ein Jahr zurückliegende Zeit, sowie nach eingetretener Erwerbsunfähigkeit (§§ 15, 16) nachträglich oder für die fernere Dauer der Erwerbsunfähigkeit nicht entrichtet werden.

Anlage 2.

**Landes-Versicherungsanstalt
der Hansestädte.**

Lübeck, den .... 190 ......

G. B. Nr. .... **III.**

An
die Ehefrau ....

_____

Sie haben am .... bei de............
.... zu
den Antrag gestellt, Ihnen gemäß § 42 des Invalidenversicherungsgesetzes vom 13. Juli 1899 die Hälfte der für Sie zur Invalidenversicherung gezahlten Beiträge zu erstatten.

Wir machen Sie — ohne daß wir Sie jedoch in der Geltendmachung eines Ihnen zustehenden Rechtes irgendwie behinderten — darauf aufmerksam, daß es unter Umständen für Sie von größtem Werte sein kann, wenn Sie, anstatt Erstattung der Beiträge zu beanspruchen, die Versicherung durch Entrichtung von Beiträgen und Verwendung von Beitragsmarken freiwillig fortsetzen:

denn die Fortsetzung der Versicherung giebt Ihnen das Recht,
1. im Falle der Erwerbsunfähigkeit die gesetzliche Invalidenrente,
2. im Falle einer länger als 26 Wochen andauernden Krankheit für die fernere Zeit der Erkrankung die gesetzliche Krankenrente,
2. nach zurückgelegtem 70. Lebensjahre die gesetzliche Altersrente

zu beanspruchen.

Außerdem sichern Sie sich durch Fortsetzung der Versicherung die Möglichkeit, daß im Falle schwerer Erkrankungen (z. B. an Schwindsucht, Gelenkrheumatismus, Ischias, schwerer Blutarmut) die Versicherungsanstalt die Kosten eines Heilverfahrens für Sie übernimmt.

Dabei bemerken wir ausdrücklich, daß obige Ansprüche auch dann bestehen, wenn Sie fernerhin Lohnarbeit nicht verrichten, also der Versicherungspflicht künftig nicht unterstehen.

Zur Erhaltung der aus der Versicherung sich ergebenden Rechte genügt es, wenn Sie stets während jedesmal zweier Jahre nach dem auf Ihrer Quittungskarte verzeichneten Ausstellungstage mindestens 20 Beiträge entrichten und Marken für dieselbe in Ihre Quittungskarte einkleben. Nähere Auskunft hierüber können Sie bei der unteren Verwaltungsbehörde — Abteilung für Invalidenversicherung — Ihres Wohnortes einholen.

Alle oben aufgeführten Vorteile gehen Ihnen aber verloren, wenn Ihnen Ihrem Antrage gemäß die Beiträge erstattet werden. Wiederholt ist uns zur Kenntnis gebracht, daß Personen es nachträglich als schweren Nachteil empfunden haben, ihren Anspruch auf Erstattung der Beiträge geltend gemacht zu haben.

Wir geben Ihnen anheim, nochmals zu erwägen, ob Sie unter diesen Umständen Ihren Antrag auf Beitragserstattung aufrecht erhalten wollen, und uns innerhalb einer Woche davon Mitteilung zu machen, wenn Sie Ihren Antrag zurücknehmen wollen.

Geht innerhalb dieser Frist eine Antwort nicht bei uns ein, so nehmen wir an, daß Sie Ihren Antrag aufrecht erhalten wollen, und wird derselbe in der vorgeschriebenen Weise seine Erledigung finden. Eine etwa noch nach Ablauf der Frist eingehende Antwort kann nur Berücksichtigung finden, solange eine Entscheidung über Ihren Antrag noch nicht getroffen ist.

Landes-Versicherungsanstalt der Hansestädte.

Der Vorstand.

Gebhard.

Pierer'sche Hofbuchdruckerei Stephan Geibel & Co. in Altenburg.

Printed by Libri Plureos GmbH
in Hamburg, Germany